学生赛事与国际化人才培养

谌华侨◎主编

人民日报出版社

北京

图书在版编目（CIP）数据

学生赛事与国际化人才培养 / 谌华侨主编.—北京：人民日报出版社，2022.6
ISBN 978-7-5115-7381-0

Ⅰ.①学… Ⅱ.①谌… Ⅲ.①高等学校－竞赛－研究－四川 ②高等学校－人才培养－研究－四川 Ⅳ.①G642.3 ②G649.2

中国版本图书馆CIP数据核字（2022）第093174号

书　　　名：学生赛事与国际化人才培养
　　　　　　XUESHENGSAISHI YUGUOJIHUARENCAIPEIYANG
主　　　编：谌华侨
出　版　人：刘华新
责任编辑：刘天一　　吴婷婷
封面设计：中尚图
出版发行：人民日报出版社
社　　　址：北京金台西路2号
邮政编码：100733
发行热线：（010）65369527　65369512　65369509　65369510
邮购热线：（010）65369530
编辑热线：（010）65369844
网　　　址：www.peopledailypress.com
经　　　销：新华书店
印　　　刷：天津中印联印务有限公司
法律顾问：北京科宇律师事务所　（010）83622312
开　　　本：710mm×1000mm　1/16
字　　　数：219千字
印　　　张：14.5
印　　　次：2022年8月第1版　2022年8月第1次印刷
书　　　号：ISBN 978-7-5115-7381-0
定　　　价：59.00元

本书受重庆市高校国际化人文特色建设项目资助，是国家社科基金冷门"绝学"和国别史等研究专项——中国与巴西关系史研究（项目编号：2018VJX096）——人才培养部分阶段性研究成果

前　言

国际化人才是新世纪紧缺人才之一。随着对外开放进程的加快，中国海外利益和人员延伸至世界各地，亟须更多国际化人才来处理中国与外部世界的关系，更好地维护中国海外利益和人员的安全。

如何培养国际化人才成为近年来教育界热议的话题。四川外国语大学作为西南地区语言特色鲜明的外国语大学，在培养国际化人才过程中责无旁贷。学校在进行人才培养方案改革时，注重强化实验实践教学全过程育人，特别重视学生赛事的推动作用。通过学生赛事的系统设计，在人才培养过程中嵌入多类型的学生赛事，助力培养复语复专业的复合型国际化人才。

在学校实验实践育人理念的指引下，国际关系学院发挥英语、外交学、国际政治的学科专业优势，实行"双轮驱动，复合发展"，积极探索语言学与政治学的融合发展之道。在此过程中，国际关系学院大力推动实验教学，打造具有鲜明人文社会科学特性的实验教学体系，大力推动学科专业学生赛事，形成特色鲜明的复语复专业国际化人才培养模式。

在此背景下，相关学生赛事指导教师结合指导学生备赛、参赛的经验，以及参赛学生的反馈，经过多年比赛的检验和完善，最终汇聚成以学生发展为中心、以相关赛事为载体的系列案例。

系列案例旨在总结前期学生赛事的经验，为有志于参与相关赛事实践的师生提供系列指南，同时也为有志于开发新型赛事的组织者提供有益借鉴。

在本书编辑出版过程中，所有作者齐心协力，共同商讨书籍体例和案例结构，并进行多次集中研讨和修改。同时，夏张洋与何澄昊参与了全书的文字校对工作。刘天一编辑和吴婷婷编辑出色的组织协调能力令本书的出版发行得以快速且高效地进行。

目 录

下篇　学生赛事篇

上篇　规范篇

涉外专业应用学生赛事活动的历史回顾

郝　楠①

摘要：学生赛事活动一直是人文社会科学教学与研究的重要方式之一。从属于人文社会科学大类的语言与非语言类涉外专业，其学科性质呈现知识富集、二维平面化，教学方式主要为枯燥的口授笔录等。学生赛事活动的应用，有助于知识富集的学习内容得以竞赛情境化、平面维度的文献得以三维立体化、口授笔录的教研方式得以交互媒介化。本文将学生赛事活动分为知识引领型、技能强化型与综合提升型，并分别回顾了三大类赛事活动在涉外专业中的应用历史。

关键词：涉外专业、学生赛事、学生活动、模拟联合国、辩论赛

一、引言

中国近现代涉外专业的发展最初可以追溯到晚清的洋务运动时期。同治元年，清政府在总理各国事务衙门下设立京师同文馆，馆中先后设立了英文、俄文、法文、德文、日文专业。随后，李鸿章、荣桂、张之洞又在上海、广州、新疆、湖北等地设立了外语教学机构，教授上述外语。②新中国成立初期，涉外专业仍以外语专业为主。学界基本以"文革"结束为界限，将新中国的外语专业历史划分为两个大的阶段，即1949—1976年阶段与1976年至今阶段。③第一大阶段中，

---

① 郝楠，察哈尔学会研究员。

② 赵香：《试论中国外语教育的发展及其近代化历程》，载《宁夏师范学院学报》，2019年第12期，第50页。

③ 曲卫国：《中国外语教学与研究70年的回顾与反思》，载《语言战略研究》，2019年第6期，第72页。

基于中国的外交政策和对外关系，俄语和英语基本占据主导地位。[1][2]第二大阶段中，随着中国的拨乱反正与改革开放，外语专业进入了快速发展期，开设的语种不断增多，日文等外语专业都得以恢复并开始招生。[3]

21世纪以来，随着中国对外经济贸易的不断增加，各方面国际交往和参与程度的不断加深，中国大专院校中出现了外语专业以外的涉外专业。基本趋势是一方面原有的专业开始强调国际化，另一方面新设了国际导向的非语言专业。前者包含了国际传播、国际酒店管理、国际经济与贸易等专业。以最典型的对外汉语专业为例，该专业作为二级学科设立于2006年，后于2013年统一整合到汉语国际教育专业。该专业旨在教育母语为汉语的学生熟练掌握汉语及中国社会文化的同时，通过外语帮助母语为非汉语的人士将汉语作为第二语言学习。[4]后者则包括近年来日渐兴盛的国际关系、外交学、国际政治等大类专业及其下的细分专业，比如，1996年设立的外交学本科专业[5]、2013年设立的国际事务与国际关系本科专业[6]，以及近年来的国别与区域研究热潮孵化出的相关专业。

学生赛事活动一直是人文社会科学教学与研究的重要方式之一，语言和非语言两大类涉外专业一般均属于人文社会科学大类，其学科性质呈现知识富集、二维平面化，教学方式主要为枯燥的口授笔录等。学生赛事活动的应用，有助于知识富集的学习内容得以竞赛情境化、平面维度的文献得以三维立体化、口授笔录的教研方式得以交互媒介化。

依据性质，应用中的学生赛事活动大致可以分为三大类，即知识引领型、技

---

① 宁琦：《中国俄语教育70年回顾与展望》，载《上海交通大学学报（哲学社会科学版）》，2019年10月刊，第77页。

② 郭英剑：《新中国英语专业教育70年——历史考察与反思》，载《语言教育》，2019年第4期，第3页。

③ 李爱文：《中国商务日语教育的历史、现状及未来展望》，载《日语学习与研究》，2011年第4期，第8页。

④ 国务院办公厅：《关于加强汉语国际推广工作的若干意见》（国办发〔2006〕17号）。

⑤ 张清敏：《21世纪中国的外交学研究》，载《国际政治研究》，2017年第5期，第141页。

⑥ 教育部：《教育部关于印发〈普通高等学校本科专业目录（2012年）〉〈普通高等学校本科专业设置管理规定〉等文件的通知》（教高〔2012〕9号）

能强化型与综合提升型。这三类活动中，既包含了相对轻松的班级、学院、学校层面学生自主自办的娱乐性活动，也包含了学校、政府或企业面向特定学生群体在特定范围内举办的正规赛事。

二、知识引领型

知识引领型学生赛事活动仍旧是以传统的知识传播与记忆为导向，所不同的是将之设置成竞赛氛围与机制，以激励学生尽可能全面地掌握知识内容。此类活动机制简单，操作便捷，往往是传统形式之外最容易想到的活动形式，也是最容易实现的活动形式。其实，宽泛而言，传统教育模式中以考试为导向的教育体制便是知识性赛事活动的先声。相应地，以中国为代表的曾以科举制为选拔官员核心机制的社会所存在的知识崇拜的传统，也是该项赛事活动大众接受的基础。这一知识导向性的教育理念在东亚国家中尤为根深蒂固，已经形成浓厚的社会传统、价值理念与商业体系。即便21世纪以来东亚国家多次实行教育改革，其收效也都非常有限。[①]不过，如今一般所提到的知识性学生赛事活动明显区别于传统的应试体制，不同点在于知识性学生赛事活动多呈现补充性、自愿性与趣味性的特征。补充性在于其举办往往并非以升学为目的，而是传统课堂之外的补充。当然，实际操作中，很多此类赛事活动所获得的名次往往间接有助于升学或至少增进传统课堂中的评比。自愿性在于其往往由学生自愿报名，于课外时间参加。相应地，出于补充性和自愿性，知识性赛事活动在本质上被寄予了寓教于乐的期望，因而自然对于趣味性有一定的要求。知识性学生赛事活动典型的例子非常普遍，从学校在元宵节举办的猜灯谜活动，到诸如中国联合国协会举办的"全国联合国知识竞赛"等全国层面的知识性竞赛，都属于知识性学生赛事活动。

此外，随着中国互联网普及率的提升，搜索引擎和相关数据库的不断完善，中国网民和相关机构所生产的数字化内容日渐丰富，知识的获取、传播与再生产

---

① Percy Kwok, "Examination-Oriented knowledge and value transformation in East Asian Cram Schools." *Asia Pacific Education Review*, Vol. 5, No. 64, 2004, pp. 71-72.

变得前所未有的简单与容易，以知识全面为崇拜的社会传统受到了一定的动摇。然而，这仅仅是降低了信息传播和获取的门槛，人类知识的习得以记忆和练习为主的规律并未被改变。互联网在为教育带来机遇的同时也为学生知识的习得带来挑战。这还不包括互联网娱乐内容对学生注意力的抢夺。[①]在这一背景下，知识性赛事活动不仅没有式微，反而进一步得到发扬，出现了以科学普及、爱国党建、专业提升等为目的的多种知识竞赛活动，并获得良好的效果。譬如，中国预防性病艾滋病基金会举办的全国大学生预防艾滋病知识竞赛公益活动便已覆盖了190多万大学生，以竞赛奖励的形式有效普及了艾滋病的相关知识。[②]

具体到涉外专业的应用中，知识竞赛往往被用于在课外以相对轻松有趣的方式考查学生对涉外专业可能涉及的语言知识、对象国和区域各方面的知识、国际组织各方面的知识等。现实的案例有北京外国语大学南亚知识竞赛、上海外国语大学法语文化知识竞赛、四川外国语大学英美文化知识竞赛、西安外国语大学"一带一路"知识竞赛、中国联合国协会的全国联合国知识竞赛等。以全国联合国知识竞赛为例，该竞赛由中国联合国协会于2017年在北京第二外国语学院首次举办，旨在普及以《联合国宪章》和联合国工作机制为核心的联合国知识，促进大学生群体对以联合国为代表的国际组织的关注和了解。截至2019年第三届以来，一大批综合性院校和外语类院校参与其中，包括中国人民大学、北京外国语大学、浙江大学、外交学院、四川外国语大学等。参赛者多来自各校的国际关系学院或其他开设涉外专业的院系。[③]各校在对接这一全国性比赛时，往往会在校内举办院系级和校级的初赛以选拔出参加全国赛的代表队。在十余所高校代表队参与全国赛之前，实际上各校已经有大量的学生参与到知识竞赛的准备和竞技之中，这也意味着该竞赛所追求的普及联合国知识的目的得以在全国十余所高校中实现。

---

① 平和光、杜亚丽：《"互联网＋教育"：机遇、挑战与对策》，载《现代教育管理》，2016年第1期，第16页。

② 第三届全国大学生预防艾滋病知识竞赛，人民日报海外网，2018年11月5日，网址：http://m.haiwainet.cn/middle/3543291/2018/1105/content_31429559_1.html，最后登录时间：2020年1月1日。

③ 中国联合国协会全国联合国知识竞赛，http://www.unachina.org/class/view?id=10114，最后登录时间：2020年1月1日。

三、技能强化型

技能强化型学生赛事活动则是以掌握的知识为基础，就某一个或几个方面更为灵活地演绎与运用，从而达到反复强化练习、掌握并精通的目的。在中国的学生赛事活动语境中，技能强化型活动的例子非常普遍，包括器乐类的比赛、棋牌类的比赛、单项体育运动方面的比赛、理工科学生的建模类比赛等。不过，由于落脚点在有限的一个或几个方面的技能强化，技能强化型学生赛事活动往往会趋向专业化、严谨化和排他化。对兴趣不在于此技能，或是没有投入大量时间精力反复练习，或是在此技能方面没有明显天赋的学生来说，技能强化型学生赛事活动往往呈现出明显的高门槛。同时，也正因为该类赛事活动大多数具有较强专业性，使得其不具备表演性和大众性，所以该类赛事活动也往往少有能获得普通大众关注和追捧的项目。不过，在中国的学生赛事活动中，辩论赛则是一个例外。辩论赛不仅为人文社科专业所普遍接受，而且受到了普通大众的广泛关注。

这一例外有其具体的时代背景。随着中国的不断崛起，中国与世界在碰撞和融合的过程中出现了话语权的问题。一方面，限于世界主流媒体均秉持西方少数国家的价值观念与世界认知，中国表达自身主张与认识的话语渠道有限；另一方面，缺少能在西方主流场合清晰且有说服力地表达中国主张与认识、辩驳西方对华刻板印象与偏颇观点的人士。这使得中国社会逐渐改变了传统的"君子讷于言而敏于行"的观念，代之以"既要敏于行，也要敏于言"的取向。近年来，包括中国国际电视台主持人刘欣、清华大学教授李稻葵、复旦大学教授张维为等中国公众人物在西方主流平台上与西方人士就中国事务的辩论，均获得了国内的高度关注，也进一步激荡着尤其是中国青年群体就公共与国际事务展开辩论的热情。

辩论赛在中国大陆勃兴的历史可以追溯到20世纪80年代。1986年，中央电视台播出了北京大学与香港中文大学就"开发旅游有利于环保还是不利于环保"的辩论赛。同年，正处于李光耀发起的"讲华语运动"时期的新加坡广播局发起了亚洲大专辩论会，其赛制和理念基本延续西方中世纪大学的学术辩论传统。这一传统带有强烈的中世纪《圣经》辩论的基因，即围绕概念进行阐释学、逻辑学的演绎和推导并相互诘问。1993年，新加坡广播局与中国中央电视台联合主办的狮城大专辩论赛轰动一时，在全国范围点燃了辩论的热潮。[1]21世纪以来，世界华语大专院校和青年学生群体中开始常态化举办亚太大专华语辩论公开赛、国际华语辩论邀请赛、世界大专华语辩论赛、海峡两岸大学生辩论赛等。除了各地区、全国以及国际层面的华语辩论赛以外，辩论赛还被娱乐产业进行了商业化，出现了包括爱奇艺制作播出的《奇葩说》、湖北卫视制作播出的《非正式会谈》等。

然而，新加坡兴起的现代华语辩论赛的性质属于价值性辩论，典型辩题包括人性本恶/人性本善、男性比女性更需要关怀/女性比男性更需要关怀、治愚更重要/治贫更重要等。其在改革开放初期的中国，有助于帮助中国大众尤其是青年群体就基本的价值理念进行思维的交锋，厘清基本的社会价值和公理。青年学生就这些问题引经据典、旁征博引的辩论的确非常精彩，催人深思、启迪民智。21世纪以来，随着中国社会的不断发展，价值理念层面的混沌状况有了明显好转，大众更多开始关注社会层面的现实问题。在这一背景下，价值性辩论逐渐成为流于语言和思维的游戏，其受关注程度和精彩程度也大不如从前。也正是在此时，源于15世纪英国牛津大学，以模仿议会辩论而进行的政策性辩论开始传入中国大陆。这一派的辩论传统植根于英美法系法庭辩论，强调以政策法规为依据讨论现实政策问题。首先在美国流行，并形成了经典的奥瑞冈赛制，于20世纪70年代传入中国台湾，又于20世纪90年代传入上海。上海大学积极响应，并推动在中国大陆传播这一辩论新形式。[2]政策性辩论的典型辩题如：当今中国，多元文化主义是不是我们社会的威胁；当今中国，对离开监狱的人不应该/应该协助重新安置；当今中国主动安乐死应该/不应该合法化等。

延续政策性辩论的传统，以政策为核心的结构性辩论开始被引入中国社会科

---

① 刘砺、王启：《论大学生辩论赛的兴起、作用与创新发展》，载《湖州职业技术学院学报》，2008年第2期，第16页。
② 上海大学：《关于在华语辩论圈推广政策性辩论的宣言》，2006年12月。

学的教学当中，在涉外专业群体进一步衍生出如外交学院发起的模拟外交谈判、四川外国语大学发起的外交外事政策性辩论赛等。这两类涉外导向的政策性辩论赛也先后在其他院校传播开来，如山东大学、西安外国语大学、重庆交通大学等。以外交学院的模拟外交谈判为例，该项比赛受到外交部指导，常年有北京大学、清华大学、国际关系学院等多所院校的外交学、国际关系、国际政治、外语类和其他专业学生参与。比赛中，谈判选手分别代表不同国家、地区或组织，就给定的立场、谈判目标以及给定的具体议题进行谈判，最终以各队的谈判表现与其达成谈判目标的程度进行评比。

四、综合提升型

综合提升型学生赛事活动区别于技能强化型，在于其更为全面地锻炼参与者的各方面知识与能力，除基本的听说读写能力和学科知识以外，还有批判思维、策划组织、谈判沟通、课外知识等综合性能力和知识储备。在中国的学生赛事活动语境中，如今方兴未艾且丰富多样的模拟性活动可谓是典型代表。美国西北大学教授阿罗德·格茨科（Harold Guetzkow）是模拟性（Simulation）学生活动的研究先驱。其对模拟的定义是，模拟即现实世界的中心特征的进行操作化的象征。[①]莎拉·惠勒（Sarah M. Wheeler）则做了进一步的补充，强调模拟中的问题和话题也应当是基于现实的。[②]阿罗德·格茨科等学者萌发研究模拟的主要时代背景便是模拟联合国（Model United Nations，以下简称模联）及其前身模拟国联（Model League of Nations）。当然，与之相关的还有当时美国"二战"后与苏联并称全球两大霸主，美国人尤其是美国青年对于国际事务日趋感兴趣。在美国联合国协会（United Nations Association, the United States of America）与联合国本身的推动下，

---

① Harold Guetzkow, "Simulation in International Relations: Developments for Research and Teaching," Englewood Cliffs, New Jersey: Prentice-Hall, 1963, p. 25.

② Sarah M. Wheeler, "Role-Playing Games and Simulations for International Issues Courses," Journal of Political Science Education, Volume 2, 2006, p. 333.

模联逐渐在欧洲、亚洲、非洲等全球各国扩散开来，受到学生们的广泛欢迎。①

综合联合国青少年天地、中国联合国协会（United Nations Association, China）及美国国务院（U.S. Department of State）对于模联的定义，模联是世界各国官方和民间团体为青年举办的模仿联合国及相关的国际机构，依据其运作方式和议事原则，围绕国际上的热点问题，如人权、和平与安全、粮食与饥荒、经济发展、环境保护等召开的会议。青年学生们扮演各个国家的外交官，以联合国会议的形式，通过阐述观点、政策辩论、投票表决、做出决议等，知悉自身所代表的国家在国际社会中的角色与作用，熟悉联合国的运作方式，了解世界发生的大事对他们未来的影响。模联活动始于20世纪20年代的模拟国联活动。1945年，联合国成立，国联解散。20世纪50年代初，美国开始出现模联活动。加州大学伯克利分校模联（Berkeley Model United Nations）、哈佛大学模联（Harvard Model United Nations）和纽约全国模联（National Model United Nations）都宣称它们举办了世界上第一次模联活动。②

经过60多年的发展，模拟联合国活动现在已经风靡全世界，形式多样，规模不一，有国际大会、全国大会，还有地区级和校际的大会，参与者由大学生到高中生、初中生，乃至小学生。目前，全世界每年有近400个国际模拟联合国大会在五大洲的50多个国家召开。每年参与大会的师生来自100多个国家与地区，总人数超过400万人。③同时，随着全球化所带动的全球治理的发展，以及区域一体化现象在各大洲的出现，各国学生也在此基础上展开了机制创新和平台创新，一方面模联的内涵和形式愈加丰富多彩，另一方面也出现了模拟欧盟（Model EU）、模拟亚欧会议（Model ASEM）、模拟东盟（Model ASEAN）等新活动。

模拟性活动在中国的发端应该始于20世纪90年代。早在1993年，北京顺义

① James P. Muldoon, Jr., "The Model United Nations Revisited," Simulation & Gaming, Vol 26, Issue 1, 1995, p.29.

② James P. Muldoon, Jr., "The Model United Nations Revisited," Simulation & Gaming, Vol 26, Issue 1, 1995, p.29.

③ 联合国青少年天地网站：https://www.un.org/zh/cyberschoolbus/modelun/faq.shtml，最后登录时间2020年1月2日。

国际学校就召开了第一届北京模拟联合国大会（Beijing Model United Nations，BEIMUN）。该大会是海牙国际模拟联合国大会的分会。然而，其参与者均来自国外以及国内的国际学校，均独立于中国国内教育界，因此未能在国内教育界产生影响。1995年外交学院由美国耶鲁大学引入模联，标志着模联活动在中国正式生根发芽。[①]回顾模联在中国高等教育涉外专业中的应用和发展，陈光在其专著[②]中将之划分为以下三个阶段。

起步阶段：1995—2003年。1995年外交学院由耶鲁大学引进模联活动，并举办了首届会议。2001年，北京大学在观摩哈佛"全美模联大会"后举办了北京大学首届模联会议暨《气候变化框架公约》缔约国大会，随后成立模联协会。该协会是全国高校中首个专门开展模联活动的学生组织。同年，中国联合国协会推荐了4名外交学院学生参与俄罗斯联合国协会在莫斯科举办的模联大会。12月，西北工业大学模联团队成立。这三所学校成为最早在中国开展模联活动的高校。2002年，三所高校陆续派出团队参加国际模联活动。同年5月，中国联合国协会和外交学院共同主办了"中国·北京模拟联合国大会"，北京15所高校的81名代表参与其中，成为中国第一个校际会议，也是最早有官方参与的高级别模联活动。[③]

发展阶段：2004—2006年。中国联合国协会作为推广模联活动的重要力量开始扮演起愈加重要的角色。2004年起，中国联合国协会开始举办全国高校范围内的"中国模拟联合国大会"，会议受到澳大利亚人权与机会均等委员会的支持，主要模拟人权委员会（后为人权理事会）的活动。之后该大会每年11月由不同院校承办，先后在北京、西安、重庆等城市举办。中国联合国协会资助西部和偏远地区高校进行模联活动，大大拓展了模联的活动范围与参与度。2006年，北京大学模联协会与哈佛大学国际关系协会共同举办了第十五届世界大学生模联大

---

① 贾伽：《记外交学院首届活动》，载《外交学院学报》，1995年第3期，第60页。

② 陈光：《造就未来领袖：模拟联合国外交策略与技巧》，北京：北京大学出版社，2009年版，第3—4页。

③ 2002年北京模拟联合国大会，https://bimun.org.cn/huishou/bmun2002/，最后登录时间2020年1月2日。

会（Harvard World Model United Nations 2006）。会议吸引了来自38个国家与地区的1400名代表，创下该活动在当时中国的历史之最。①

活跃阶段：2007年至今。2007年，北京大学模联大会更名为"亚洲国际模拟联合国大会"（Asian International Model United Nations, Peking University），成为国内首个全部由中国学生独立组织的国际大学生会议。2007年的首届会议即有400余名代表参加，来自孟加拉国、印度尼西亚、日本、泰国等亚洲国家的海外代表达100余人。2008年11月，西北工业大学举办了纽约国际模拟联合国大会——中国会。西北工业大学将这一国际会议带到了中国西部。②

模联在中国蔚然成风后，也基本呈现出国际发展趋势，即一方面本身的内涵更加丰富，另一方面也出现了新形式。如四川外国语大学首创的模拟金砖国家（Model BRICS）、上海政法学院的模拟上海合作组织（Model SCO）、北京环亚青年交流发展基金会发起的模拟亚太经合组织（Model APEC）和北京国际法促进中心大力推动的模拟国际法庭（Moot Court）等。同时，中国还出现了大量学生自主自办的社会组织性质的独立模联活动与商业机构主办的营利性模联活动。前者诸如思翼模拟联合国会议、精诚模拟联合国会议、重庆模拟联合国会议等，后者则有环球令德模拟联合国大会、蔚蓝国际模拟联合国大会等。

纵观模拟性活动中较为活跃的群体，基本呈现出两大类院校的涉外专业学生群体。其一是中国几大传统外语类院校以英语为主的外语和外交学、国际关系、国际政治等直接相关的专业的学生，包括北京外国语大学、上海外国语大学、外交学院、北京语言大学、四川外国语大学等学校；其二是对外交往比较活跃的综合型院校国际导向专业的学生，诸如北京大学、复旦大学、四川大学等高校的公共管理、国际经济与贸易等专业的学生。以模联为例，研究表明，参与其中的学生在文化理解、国际视野和人文精神三个维度上表现杰出。模联同时也有力补充了高校中从语言到专业的多门学科课程，包括跨文化理解、国际组织、国际关系

---

① 中国联合国协会中国模拟联合国发展情况调研小组：《中国模拟联合国活动发展报告》，载《国际政治研究》（季刊），2011年第2期，第170页。

② 中国联合国协会编著：《模拟联合国指南》，成都：四川人民出版社，2006年版，第6页。

与国际政治、国际商务导论、国际经济学导论、国际商法理论与实务、高级口语、学术写作等。

五、总结

随着中国国际地位的日益提升，国际交往和参与程度的不断加深，国内高校为了培养满足时代需求的国际化人才，一方面，不断新设涉外专业与教学单位，如近年来多所高校相继开设的国际关系学院及其下的外交学、国际关系、国际政治以及区域国别研究相关的专业等；另一方面，原有专业的建设也日渐强调国际化和复合化，比如，外语专业纷纷强调"外语+"的概念，甚至细分出商务英语、商务日语等专业，再比如，近年来出现的国际酒店管理、国际商务、国际会展管理等专业。中国高等教育面临全球化、国际化的同时，数字化、互联网化的大潮也在同步袭来。在年轻群体中大范围普及的诸如智能手机、笔记本电脑、平板电脑等互联网终端接口设备时刻与课堂上的老师、课程的学习内容争夺学生有限的注意力、精力和时间。这也客观上要求传统的以口授笔录、二维平面化的方式教授知识富集型的人文社会科学的模式必须向更能让当代年轻人接受的方式转变。

知识引领型、技能强化型与综合提升型三类学生赛事活动，既在学生自主自办，也在高校和社会机构自觉鼓励与支持下，逐渐在涉外专业的课程内蔚然成风。21世纪初，中国大陆各高校的涉外专业学生和相关机构在机制创新方面甚至开始引领世界潮流。典型案例便是模拟亚太经合组织活动和模拟金砖国家活动。前者是纯粹由中国大学生群体发起并向世界推广的模拟性活动，且受得了亚太经合组织官方的认可。后者也是纯粹由四川外国语大学本科生在2013年由校内社团依托学校的金砖国家研究院的师资力量和学术资源开始探索，并于2015年正式举办首届校级会议，最终于2019年升格为首届全国会议的模拟性活动。

综合来看，三大类学生赛事活动对中国高校涉外专业的教学与研究起到有力的补充作用，并帮助学生锻炼了语言能力，夯实了知识储备，拓宽了国际视野，强化了专业技能，甚至开拓了职业轨迹。展望未来，三大类学生赛事活动，尤其是以全面的场景化和情境化模拟为核心的综合提升型活动，将会得到进一步发展。在当前全球化的背景下，中国大学生的聪明才智孕育出的创新赛事活动也将会逐渐引领世界大学生潮流。

人文社会科学专业的实验教学①

谌华侨②

摘要： 对于现实场景的再现诉求催生了实验模拟。与自然科学的实验课程不同，人文社会科学的专业特点注定了该领域的专业课程无法完全再现现实场景。为此，人文社会科学的实验教学需要结合学科特性，借鉴自然科学实验教学的有益经验，进行思维实验、教育戏剧、模拟等贴合学科专业实际的实验教学活动。

关键词： 人文社会科学、教学、实验教学

一、人文社会科学专业的特性

科学一般可以分为人文科学、社会科学和自然科学三类。一般而言，人文科学与社会科学之间虽然存在差异，但二者之间有非常鲜明的一致性和共同性。而人文社会科学与自然科学之间虽有联系，但二者之间存在着不容忽视的显著区别。③因为本文的研究主要在于讨论人文社会科学专业的教学方法，为此，将聚焦于人文科学和社会科学的差异和共性。

从学科形成时间上来看，对人类的本性、人生意义等深刻问题的思考，古已有之，较为系统的人文学科至少在奴隶社会就已初步形成。经济学、社会学、政治学等社会科学都是在18世纪中后期才开始从此前的人文学科独立出来，在19世

---

① 本文为 2020 年重庆市高等教育教学改革研究立项重点项目（编号 202067），及四川外国语大学 2020 年校级教学改革研究立项重点项目（编号 JY2062103）《非通用语专业区域国别研究人才培养模式探索与实践》的阶段性成果。

② 谌华侨，四川外国语大学金砖国家研究院。

③ 欧阳康主编：《人文社会科学哲学》，武汉大学出版社，2001 年版，第 116 页。

纪才逐渐建立起系统的理论结构。

从研究对象来看，人文科学侧重于研究"人文现象"，即人所创造的涉及人自身存在及精神寄托的文化状态。人文科学就是人关于自身的生存意义和价值的体验与思考的系统化、理论化。社会科学是以社会现象为研究对象，研究社会生活各个领域的活动、变化和发展，旨在解释社会发展规律。

从研究目的来看，人文科学侧重人类活动对人的生存的价值与意义的研究，社会科学关注人类活动在社会系统中的功能与作用。

从研究方法来看，人文科学研究强调个体性和独特性，强调理解、体验人类的精神生活、宗教信仰和文化世界的价值存在，更加注重理解，属于阐释学。社会科学重视对社会现象做实证研究和因果性说明，同时还做实验性和定量化研究。①

从学科划分上来看，人文科学和社会科学都包含不同的学科。从学科专业分类来看，一般把哲学、人类学、文学、艺术学、历史学、语言学等划分为人文科学，把经济学、政治学、社会学、人口学等划分为社会科学。

虽然人文科学与社会科学之间存在某些差异，但二者也有相似之处。从研究对象来看，人文科学和社会科学的研究对象有相互交融之处。从研究方法来看，人文科学和社会科学的学者在彼此借鉴对方的研究方法，并运用到各自领域，研究方法日益交融。从学科融合发展趋势上来看，人文科学和社会科学的交融日益密切，新兴学科和交叉学科不断涌现，正在日益形成你中有我、我中有你的学科交融态势。②

二、人文社会科学专业的教学手段

无论是人文科学，还是社会科学，学科要得到发展，必须要有人传承。在学

---

① 欧阳康主编：《人文社会科学哲学》，武汉大学出版社，2001年版，第117-120页。
② 从国家管理部门来看，设有自然科学基金和哲学社会科学基金，用于鼓励相关领域的研究。哲学社会科学基金并未细分人文科学和社会科学，但包含了人文科学和社会科学所属的重要学科。

科的传承过程中，教学就显得尤为重要。教学手段作为实现学科传承的重要方式，理应受到更多的关注。

（一）人文社会科学专业的传统教学手段

在很长一段时间内，人文社会科学专业的教学都依赖于教师的口头表述，武汉大学原校长刘道玉曾将这一教学方法形象地称为"表述式教学"。毫无疑问，教师的课堂表述作为一种重要的教学方式，在很长一段时间内，在很大程度上对诸多学科的人才培养做出了一定的贡献。但随着学科专业分化的发展，教学方法仅仅依靠教师的口头表述很显然已经难以满足师生对于教与学的要求。

虽然越来越多的教师采用新的教学手段，但"表述式教学"依然是很多人文社会科学专业教师常用的教学方式。从实际情况来看，"表述式教学"有以下几个显著缺陷。

第一，教学呈现方式单一。因为"表述式教学"主要依赖教师课堂上的口头表述，如果教师上课准备的材料不够有吸引力，说话的语气、语调过于单一，很容易给学生带来听力倦怠，不容易吸引学生的注意力。同时，也会因为呈现方式的单一，更为丰富的内容有可能无法全面表达和传递给学生，影响学生对教学内容的充分理解。

第二，教学方式鲜有创新。在日常教学过程中，教师的教学如果过多诉诸传统的口述式教学方法，随着教龄的增加，极有可能形成思维定式，安于现状，不会尝试进行教学创新，教师的教学潜能不容易被激发出来，不利于调动学生的积极性。

第三，教师的职业倦怠感增加。随着教学内容日渐熟悉，教学方式一成不变，教师的思维定式日益形成，教师的职业倦怠感便会随之增加。一旦教师逐步形成职业倦怠就很难在教学和科研工作中积极有为，从而影响教师的职业生涯发展规划，并最终影响学生的学习。

（二）人文社会科学专业教学手段的发展趋势

随着时间的推移，尤其是高等教育信息化的发展，许多高校的教师开始行动起来，人文社会科学专业逐步采用多种形态的教学方法，以便调动师生的课堂参与度，提高教学效果。

在这样的背景下，因为革新人才培养的客观需要，实验教学日益成为高等教育教学改革的发展趋势。

1. 实验教学概念辨析

在日常工作中，实验、实践、实训常常出现相互混用的现象。实际上，三个概念有所区别，主要体现在以下几个方面：

从目的来看，实验是为了检验假说或者探索增加新的东西；实践是为了转变观念提高认识；实训是为了适应新的岗位要求。

从前提来看，实验的前提是要有假说，对假说进行探讨和验证；实践的前提是将理性认识转变为人的活动；实训的前提是某一岗位的技能要求，按照这个技能要求掌握和熟练操作过程。

从过程来看，实验的基本过程是假说、验证、报告；实践的基本过程是认识、行为、再认识、再行为，不断反复；实训的基本过程是学习程序和要求，按照程序和要求操作，巩固操作技能。

从结果来看，通过实验得到的是实验报告，是对新事物的认识；通过实践得到的是知识的巩固、认识的提高；通过实训得到的是技能的掌握，岗位的适应。

从性质来看，实验是探索性活动，实践是认识延续活动，实训是技能掌握活动。

总体而言，实验倾向于理论验证，实践倾向于认识提升，实训倾向于技能掌握。

以上讨论说明，实验教学有广义和狭义之分，狭义的实验教学应该是指上述主要针对自然科学的"验证性"实验；广义的实验教学应该包括实验、实践和实训教学三者。[①]因此，人文社会科学的实验教学更多是广义实验教学。

---

① 对三者差异的分析参见廖巧云：《加强实验教学建设，培养学生创新能力》，四川外国语大学2012年"五说"活动之"教务处长说教学"发言稿（未公开发表）。

2. 自然科学的实验项目设计

在教学过程中，实验教学主要通过多种类型的实验项目予以实施。在实验项目设计的研究中，素以自然科学为主。长期以来，自然科学的实验项目设计是一种固定的验证性实验模式，实验对设备依赖性高，实验结果比较单一。

李巨光和高丙云指出理科实验教学是配合某门理论课程的实践性教学，是在教师指导下，通过亲自动手操作，帮助学生对某一概念、现象、原理以及流程加深理解、产生联想的教学活动。[①]淮虎银等提到传统的理科实验教学如植物性实验教学的目的是巩固、加强和验证理论课上所学到的知识，学生虽然主动进行实验操作，但是被动接受知识。[②]倪丽娟和陈辉提出理工科实验项目具有确定性、实验结果具有稳定性等特征[③]。

3. 人文社会科学的实验项目设计

从现有的研究来看，人文社会科学开展的实验教学也通过实验项目来实施。倪丽娟和陈辉提出，文科实验对象具有复杂性，理工科具有确定性；文科实验结果不确定，理科实验结果具有稳定性等不同[④]。照搬理科的实验项目设计不符合文科的特点，验证性、单一性和确定性的理科实验项目设计也不能满足文科实验教学发展的需求。徐婷等指出，文科实验教学应充分体现出文科特色，不应全盘照搬理工科实验教学，应将实验教学的思路放宽，同时兼顾文理渗透。文科实验教学要培养学生的应用能力、实践能力、创新思维能力，以实验项目带动实验教学。[⑤]

人文社会科学的实验教学具有人文性、多样性、创造性和反思性等特征，因此，在进行人文社会科学专业的实验项目设计时，应遵循这些特征，创新实验项目设计内容，激发学生的参与性和创造性。

---

① 李巨光、高丙云：《高校理科实验教学问题探析》，《高等理科教育》，2005 年第 5 期。

② 淮虎银等：《植物学综合性实验项目的设计与实践》，《实验室研究与探索》，2006 年第 5 期。

③ 倪丽娟、陈辉：《从文科与理工科实验教学差异的视角谈文科实验教学》，《实验技术与管理》，2013 年第 1 期。

④ 同上。

⑤ 徐婷等：《大学文科实验教学研究》，《实验技术与管理》，第 23 卷第 10 期，2006 年 10 月。

相对于自然科学，人文社会科学的实验教学尚处于发展阶段。学科专业的覆盖度和实验项目的涵盖面都有待加强，还需要不断探索更多人文社会科学的实验教学可行方式。

三、人文社会科学专业进行实验教学的可行方式

一门学科的性质和对象决定着研究的思路和方法，是该学科研究中至关重要的元问题或前提问题。因此，确定学科的性质和对象对于该学科的全部研究具有规范和导向的作用。①

人文科学和社会科学的研究对象就是人文社会现象，它包括主题的本质和活动、主客体的关系、主体间的关系，以及人的生存意义、价值等。研究对象具有自为性和异质性、价值与事实的统一性、研究主体与研究客体的内在相关性、更大的偶然性和不确定性以及可预言性与准确预言的有限性等特点。

从人文科学和社会科学的属性来看，它们是个体性与社会整体性的统一，实证性、说明性与理解性、体验性的统一，批判性、规范性与建构性、创新性的统一，真理性和可错性的统一，价值中立性与非中立性的统一。②

（一）思想实验

从学科的性质和对象上看，人文社会科学很难实行"拿来主义"，直接采用自然科学的实验方法来进行教学活动。根据人文社会科学的性质和对象，并结合实际教学情况，人文社会科学可以考虑采用思想实验（Thought Experiments）的方法进行教学设计。

索伦森认为，思想实验就是实验。实验就是"人们观察"和"人们看到了什么现象"，而缺失了思考的重要作用，而这是思想实验的主要功能——主要揭示理论中内在的矛盾。③一个有效的思想实验则通过扩大人们的非感官来源——比如

---

① 欧阳康主编：《人文社会科学哲学》，武汉大学出版社，2001年版，第107页。
② 同上：第128-154页。
③ R. Sorensen, Thought Experiments, Oxford: Oxford University Press, 1992, p.3.

回忆，一种知识向另一种知识的转化，认知活动的内在的重新整合，以及认知障碍和难题的消化等。思想实验只是物质实验的延伸，"思想实验就是无须真正实施即可达到其目标的实验"[①]。

思想实验为人们展示了一系列"WHAT IF"问题。思想实验就是根据这些"WHAT IF"问题建构的一个模型。当人们回答这些"WHAT IF"问题的时候，在头脑中设想那些想象中的客体如何表现。思想实验者在回答"WHAT IF"问题时要考虑所有与结论相关的情况，而那些与实验目标无关的情况可被忽略掉。当思想实验者遵从"WHAT IF"问题模式后，将有可能产生不同的结果。[②]

基于思想实验的特性和展开方式可知，人文社会科学绝大多数专业的教学都可以进行思想实验设计。实行思想实验设计的人文社会科学课堂将会充满疑问，并伴随着对疑问的解答，可能得到许多不一样的答案。对多样性答案的探索过程，势必会启迪师生的思想，实现探索性学习的目的。同时，也有利于师生不被动接受对既有问题的解释，在日常学习中养成批判性思维，逐渐形成个人的独立判断。不仅如此，基于这样的"WHAT IF"问题，还可以设计小组讨论，以及焦点小组讨论等多种课堂教学组织形式。

（二）教育戏剧

教育戏剧（Educational Drama）作为一种教育手段，在初等教育系统得到广泛应用，并逐步形成系列教学体系，且在世界范围内得到推广。随后，教育戏剧逐渐应用到大学课程中。

最初，教育戏剧在高等教育中主要应用于教师训练，其目标和作用与文科教育更相符。在最开始应用于美国和英国高等教育的时候，教育戏剧更多地应用在与哲学有关的课程中，以及传统戏剧文学与戏剧创作领域。[③]

随后，桃乐西·希芙阁（Dorothy Heathcote）将戏剧教学拓展到两个更大的领

[①] R. Sorensen, Thought Experiments, Oxford: Oxford University Press, 1992, p.205.

[②] 赵煦：《思想实验研究的核心问题述评》，《哲学动态》，2011年第6期，第82页。

[③] Robert J. Landy, Handbook of Educational Drama and Theatre, Greenwood Press, 1982, p.37.

域。第一个领域是学术研究和经验，包括传奇、神话、传说和民间传说的诞生和起源；群体动力学；戏剧形式的差异；戏剧和民间传说的人类学研究。第二个领域是实践经验，包括自我发现教师类型和优缺点；在各种空间处理各种规模的小组；观察和分析自我和他人的研究；紧张和对抗的技巧；学习接受和倾听戏剧；对戏剧的理解和阐述程序；儿童发展和心理健康。经过桃乐西的拓展，戏剧在高等教育领域的应用范围更为广泛了。

约翰·霍奇森（John Hodgson）和阿尔伯特·库伦（Albert Cullum）将戏剧用在培训教师方面，发现教育戏剧在学院或大学的用武之地，找到了戏剧和语言之间的联系。[1]

此后，教育戏剧作为一种教学方法，被运用到其他学科领域，譬如语言学、历史学等。随着教育戏剧被运用到更多的学科，教育戏剧可以看作是几个学科之间的桥梁。教育戏剧不仅是连接学科的桥梁，本身也是一个跨学科的领域。[2]

作为体验式学习的一种，教育戏剧在多学科教学场景的应用中不断完善，已经从最开始聚焦于人文学科的学习，逐步拓展到商业管理、公共决策等更多的专业领域。

作为体验式学习的典范，角色扮演（Role-Play, RP）和模拟交互（Simulated Interactions, SI）在教育戏剧中得以广泛应用。角色扮演和模拟交互的主要好处是实现整体学习结果。同时，有利于师生的认知、情感和感觉全部参与学习过程；有利于将先前学习经验与学习者的个人意义联系起来；自我反思与专家辅助反省有利于提高认识和深化学习。[3]

教育戏剧改变了师生之间的动态关系。作为"戏剧导演"而不是"教师"，学生们从一个新的角度看待教师，更多的是把教师看作他们中的一员。这种关系有助于创造一个轻松和利于学习的课堂环境。通过教育戏剧，教师和学生们相互

---

[1] Robert J. Landy, Handbook of Educational Drama and Theatre, Greenwood Press, 1982, p.41.

[2] Robert J. Landy, Handbook of Educational Drama and Theatre, Greenwood Press, 1982, p.55.

[3] Rouxelle de Villiers, Educational Drama: A Model used in a Business School, Vol. 8, Iss. 2, 2014, pp. 39–53.

了解的程度要比用传统的教学方法所能达到的程度要高。[1]

在社会方面，敏感和感觉、创新、独立思考、学习环境、创造力和自发性、认知、体验式学习、活动参与和享受等方面，学生认为教育戏剧方法不同于其他类型的教育经历。[2]

（三）模拟

传统的教学方法，如指定阅读、讲座、测试和论文，往往无法重现真实情境。部分教师已经转向角色扮演模拟，以帮助实现他们的课程目标。为此，需要探寻能够再现真实世界的教学方法。

社会科学课程通常不包括动手学习机会。由于在许多学科中进行纯实验室实验是不可能的，也不符合道德规范，这些领域的教师已经转向模拟实验，以使学生获得类似实验室的体验。模拟的形式从电脑游戏到精心设计的角色扮演场景等多种类型。[3]

威第格认为，课堂模拟要紧密联系课程内容和目标，否则会失去模拟的有效性，致使师生两方都丧失模拟的兴趣。作者提出为了最大化模拟课堂的效益，要精心设计课程结构。[4]

模拟课堂可以分为三个阶段：模拟前、模拟中、模拟后。

1. 模拟前

选择合适的模拟内容。寻找或设计与课程内容有关的练习；选择最合适的方式；选择或设计的练习要注意限制在课程时间允许的范围内。

（1）确定模拟方式。依据实际需要，可以采取线上、面对面或二者以适当比

---

[1] Glenn Pearce, How University Students Studying Marketing Learn From Educational Drama, NJ, 27:1, 20003, pp. 69-80.

[2] Glenn Pearce University Student Perceptions of the Difference between Educational Drama and Other Types of Educational Experiences, Marketing Education Review, 16:2, 2006, pp. 23-35.

[3] Chris Silvia, The Impact of Simulations on Higher-Level Learning, Journal of Public Affairs Education, Vol. 18, No. 2 (SPRING 2012), pp. 397-422.

[4] Timothy Wedig, Getting the Most from Classroom Simulations: Strategies for Maximizing Learning Outcomes, Political Science and Politics, Vol. 43, No. 3 (July 2010), pp. 547-555.

例结合的方式，因为线上形式和面对面的形式各有利弊。模拟方式的选择，依赖教师期待学生学习达到的结果和学生应有的参与水平。一旦选定了要进行什么样的模拟，教师要给予学生大量的时间做准备，特别是要向学生介绍内容、方式、对他们的期望，让他们花时间进行充分研究，以做好准备。

（2）确定参与者范围。模拟课堂练习的参与者，可以是单个班级，也可以是多个班级甚至多个地区的班级的分散与组合。不同地区的班级可能给学生以新知识和新视角，模拟课堂练习的参与者甚至可以是世界范围内不同地区的班级。分散组合的联系有助于多种观点和价值的表达，促使学生协调各种不同的观点，也激励他们面对不同地区的同龄人时认真应对、展现自己的竞争力。当然，分散组合的模拟课堂在时间、空间和费用上是个极大的挑战。所以，最容易进行的还是单一班级的模拟。

（3）确定互动风格。同时（实时进行的）交流与异时（反馈有较长的时间延迟）交流。

（4）确定角色分派。小组角色与个人角色各有利弊。

2. 模拟中

有效的模拟应该由学生推动，教师在其中也发挥着重要的作用，必须鼓励、监督、指导学生，以完成教学任务。教师有多重任务，主要有三种角色：辅助者、控制者、观察者。教师动态把握并记录好学生的模拟过程。

3. 模拟后

模拟后部分应该是个过程，而非单一的一次性活动。在这一过程中，应该包括小组汇报、个人作业（通常是反思短文，也可以是正式论文）、模拟案例撰写、模拟评估、教师点评等。

史密斯和鲍耶研究了以角色扮演为主要内容的模拟课堂，依次分析了角色扮演模拟课堂的目标、组织、实行、汇报等几个环节，并提出了评估学生实际受益程度的三个问题：（1）课堂模拟的利弊何在？（2）你从模拟课堂上学到了什么？（3）模拟课堂与其他课堂有何不同？通过对这三个问题的考查，以及回顾学生在模拟课堂上的相关反应，进行模拟实验教学的教师就可以分析模拟课堂对学生的影响及其未来可能的意义。[①]角色扮演模拟是让学生有机会进行更高层次学习——应用、分析、综合、评估的有效手段。

角色扮演模拟作为一种主动学习技术，备受关注。模拟让学生有机会应用理论，发展关键技能，并从阅读和准备课程的日常任务中有所收获。模拟要求学生将课程内容应用到一个新的、相对现实的环境中，以便权衡政策选择，利用各种课程组成部分来形成论点，并对"最佳"选择做出判断。角色扮演模拟有助于学生在合理的现实情境中"体验"课程材料。[②]

目前，模拟已经广泛应用到语言学、政治学[③]、社会学、历史学等多个学科的课堂教学中。同时，也应该清醒地认识到，模拟不应被视为灵丹妙药。在将模拟纳入课程教学的过程中，存在许多实际和可察觉的障碍，包括所需的准备时间、因模拟所花费的时间而难以涵盖课程材料，以及对模拟是否提供所需学习的经验等问题。然而，通过教师合理的课程设计和师生课前的充分准备，可以克服这些障碍，并且可以通过模拟来提高学生的学习能力。

[①]　Elizabeth T. Smith & Mark A. Boyer, Designing In-Class Simulations, Political Science and Politics, Vol. 29, No. 4 (Dec. 1996), pp. 690-694.

[②]　Chris Silvia, The Impact of Simulations on Higher-Level Learning, Journal of Public Affairs Education, Vol. 18, No. 2 (SPRING 2012), pp. 397-422.

[③]　Vincent L. Marando, Mary Beth Melchior, On Site, Not Out of Mind: The Role of Experiential Learning in the Political Science Doctoral Program, Political Science and Politics, Vol. 30 No. 4 (Dec., 1997) pp. 723-728.

独立实践教学模式研究

——以四川外国语大学国际关系学院为例

谌华侨①

摘要： 跨学科发展逐渐成为现实发展的迫切需求。在"语言+专业"的学科融合过程中，如何强化学生的语言技能，提高学生综合素养是人才培养的关键所在。基于人才培养的实际需求，四川外国语大学国际关系学院积极探索课程外的独立实践教学形态，形成了系统化的教学模式、良好的运行方式，并打造了系列实践项目，取得了诸多成就。

关键词： 实践教学、学科融合、人才培养

为应对国家和地方对跨学科外语人才的需求，在现有探索和发展的基础上，国际关系学院以"国际事务导向，语言能力并重"为理念，实行"语言+专业"跨学科发展，致力于培养专业知识深厚、语言功底扎实、实践能力过硬的国际事务本科人才。为此，学院进行了系列人才培养模式改革。

本文将从国际关系学院近年来实施的独立实践教学改革出发，梳理出独立实践教学体系和独立实践项目类型，并总结其运行模式和基本作用，期待为人文社会科学专业的实验实践教学积累经验。

---

① 谌华侨，四川外国语大学金砖国家研究院。

一、独立实践教学体系

根据"语言+专业"的学科融合发展理念，在"国际事务导向，语言能力并用"的人才培养模式下，在"国际视野，创新精神"的培养目标指引下，基于学院近年来的发展实际，四川外国语大学国际关系学院初步形成了具有外交学、国际政治和英语学科融合特色的T型独立实践体系（与T-shaped person相对应）。

根据实验教学的基本要求，结合"语言+专业"的实际，国际关系学院提出了具有鲜明学科融合特色的理论课、实验课、独立实践三位一体的实验教学体系。英语、国际政治、外交学的课程体系中，有一部分课程属于两大学科的理论课程，部分课程由"理论+实验"内容构成，还有一部分内容由独立实践内容构成。独立实践将学习从课堂延伸到课外，使学生从研究选题、活动策划、文献查阅、实验设计、实验操作、数据整理、结果分析、撰写论文或报告、自主创新等各个环节得到较为全面的研究方法和创新、创业能力的训练，培养学生科学研究的思维方法、操作规范和创新能力。

国际关系学院的人才培养目标与国际社会所急需的跨学科T型人才（T-shaped person）相一致。T型人才的构成主要有两个维度（如图1-1所示）：纵向的技能深度和水平的跨学科合作。技能深度能够产生创新过程。跨学科合作包含两部分内容：首先是移情作用共鸣，能够从其他角度思考问题；其次是对其他学科保持热情，T型人才的技能在广度和深度上都有所建树。

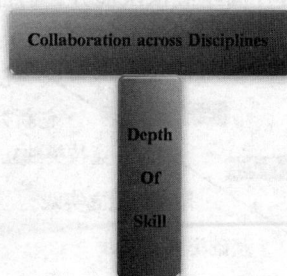

图1-1　T型人才结构图

构建独立实践教学体系的基本原则是"知识输入，实践承载，技能输出，学科融合"，即通过学科知识的输入，经过实践平台的历练，掌握基本操作技能，实现学科融合人才的培养目标。

根据T型人才的基本需求，构建了T型人才独立实践教学体系，即基础类、拓展类、竞技类、创业类和创新类独立实践。如图1-2所示：

图1-2　T型人才独立实践教学体系

二、独立实践教学的运行

独立实践教学体系的基本实施策略是分层实施，如图1-3所示。一年级强化基础类独立实践，夯实学科知识体系；二年级进行拓展类独立实践，拓展知识体系，强化基础知识；三年级以及二年级的优秀学生进行竞技类独立实践，拔尖培养，锤炼优秀人才；四年级以及二、三年级的优秀学生进行创业类和创新类独立实践，培养社会急需的跨专业T型人才。总体来看，独立实践项目根据学生所在年级，依据学习进度由低年级往高年级依次展开，有序实施。

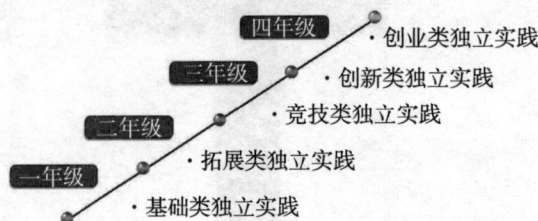

图1-3　独立实践教学体系

独立实践的分层实施策略能兼顾一般学生完善基本知识体系和技能提升的需求，有助于独立实践的有序推进，具有普及功能；同时，也能体现独立实践的筛选和提高作用，有利于培养拔尖人才。因此，分层实施能同步实现独立实践点和面的结合。

通过T型独立实践体系，实行分层实施，历经多年的探索和凝练，国际关系学院人才培养硕果累累（详细内容参看附表支撑材料）。与此同时，不同类型独立实践内部的项目在不断优化重组，力求实现差异化发展，优势互补。

根据英语、外交学和国际政治本科人才培养体系的基本要求，结合独立实践实施策略的差异，国际关系学院初步探索出"一个实验项目、一名指导教师、一个学生团队"的独立实践三一制运行方式（如图1-4所示）。

一个实验项目即独立实践的不同大类之下设有多个实验项目，将传统的课外活动组编为体系化的实验项目，便于连续且持续实施，形式确定。

一名指导教师即学院为每一个精心设计的实验项目选派一名专业教师，指导项目的有序开展，尤其是对项目的策划和实施进行个性化指导，但教师的参与程度有限。

一个学生团队是指根据实施层级，在相应的年级组建学生团队，具体负责实验项目的开发、实施和维护，以真正践行独立实践的学生主体性作用，使学生有所作为。

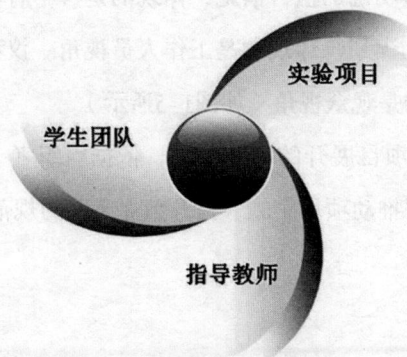

实验项目

学生团队

指导教师

图1-4　三一制运行方式

　　通过三一制运行方式，国际关系学院的独立实践初步形成了实验项目有形、指导教师有度、学生团队有为的三有局面。三一制运行方式能有效保障实验项目的持续且有效运行，切实发挥应有作用。

　　三一制在诸多独立实践类型中取得了不少成绩，其中最为典型的是近年来所实施的创新类和创业类独立实践，不仅在多个年度的创新创业比赛中多有斩获，同时不断产出新的项目，且两类独立实践呈现出交融发展的趋向。如2014年度四川外国语大学和重庆市大学生创新创业训练计划项目《省级地方政府外事机构设置与对外交往态势研究》，2015年度四川外国语大学和重庆市大学生创新创业训练计划项目《渝宴及其市场开发研究》，都已经形成梯队，进入良性发展轨道。

　　根据国际关系学院T型独立实践体系的实际，结合理工科实验项目的实施经验，通过多年探索和积累，初步形成了具有国际关系学院专业融合特色的独立实践指南，强化了独立实践的规范性和操作性。同时，根据独立实践体系的类型划分，初步形成了多样化的独立实践指南体系。

　　经过多年探索和实践，国际关系学院已经初步形成以"四书"——活动策划书、选手手册、会议手册、议程手册——为中心的实验项目一般性操作模式，通过有序的实验设备使用，确保实验教学的可持续发展。

　　策划书主要是团队在构想活动时的文案呈现，是原创思维的体现，需要对活动的实施有全局性考量，体现的是组织者视角。选手手册是对参与项目成员的基本职责的规定，需要有明确的执行措施，体现的是参与者视角。会议手册是对项目实施中辅助性举措的谋划，体现的是工作人员视角。议程手册是对项目展现内容的集中呈现，体现的是观众视角（如图1-5所示）。

　　"四书"按照实验项目展开的时间序列，依据组织者、参与者、工作人员和观众的多方位视角有序推动项目实施，提升独立实践的规范性和操作性。

图1-5 "四书"和多方位视角

各门课程基于研究对象的实际，根据需要在此基础上进行演化，形成具有课程特性的实验项目设计和项目实施方式。

三、独立实践项目

T型独立实践体系各构成单位包含若干独立实践项目。根据近年来的实际运行情况，国际关系学院初步形成了以下独立实践项目体系。

基础类独立实践包括写作大赛、演讲比赛、配音大赛。

拓展类独立实践包括国际论坛、时政聚焦与新闻发布（此前为我来播新闻）、模拟金砖论坛、歌乐国际事务论坛、外交部高级外交官创新实践委员会大使讲堂。

竞技类独立实践包括多层级的模拟联合国大会、全国大学生外交外事礼仪大赛、外交风采季（此前为外交风采大赛）、综合技能大赛。

创新类独立实践包括学校、重庆市和国家级的"挑战杯"大学生课外学术科技作品竞赛，犹太论文大赛，重庆市和国家级大学生创新创业训练计划，重庆市大学生创新创业大赛。

创业类独立实践包括学校、重庆市和国家级大学生创新创业训练计划，"互联网+"大学生创新创业大赛，重庆市大学生创新创业大赛等。

表1-1　独立实践项目

基础类独立实践	写作大赛 演讲比赛 配音大赛
拓展类独立实践	国际论坛 时政聚焦与新闻发布（此前为我来播新闻） 模拟金砖论坛 歌乐国际事务论坛 外交部高级外交官创新实践委员会大使讲堂
竞技类独立实践	模拟联合国大会 全国大学生外交外事礼仪大赛 外交风采季（此前为外交风采大赛） 综合技能大赛
创新类独立实践	各级"挑战杯"大学生课外学术科技作品竞赛 犹太论文大赛 大学生创新创业训练计划 重庆市大学生创新创业大赛
创业类独立实践	各级大学生创新创业训练计划 "互联网+"大学生创新创业大赛 重庆市大学生创新创业大赛

在构建出独立实践教学体系，明确了实施策略，探索出运行方式的同时，国际关系学院还打造了如下经典实验项目。

（一）基础类独立实践项目

基础类独立实践的经典项目包括写作大赛、演讲比赛、配音大赛。该类独立实践主要针对一年级新生的语言和专业基础，旨在通过这样的活动强化学生的专业基础，熟悉学院的独立实践运行体系。

表1-2　基础类独立实践项目表

项目名称	项目内容	主要对象
写作大赛	中、英文写作	一年级学生
演讲比赛	中、英文演讲	一年级学生
配音大赛	英文配音	一年级学生

通过这样系列的独立实践活动，为学生打牢坚实的跨学科技能基础，为后续

学习和独立实践活动提供前提条件。通过基础类独立实践的写作大赛、演讲比赛、配音大赛的历练，我院学生在演讲比赛中多次获奖，学生担当重庆市外事侨务办公室贵宾在渝活动的陪同翻译，成为中东欧领导人会议的接待贵宾志愿者等。（具体事例参看支撑材料）

该类活动在班级、年级层面渐次开展，基本涵盖一年级学生，具有良好的普及性和适用性。

（二）拓展类独立实践项目

拓展类独立实践经典项目包括国际论坛、时政聚焦与新闻发布（此前为我来播新闻）、模拟金砖论坛、歌乐国际事务论坛、外交部高级外交官创新实践委员会大使讲堂等。该类活动主要针对二年级学生的课程体系而进行的拓展学习，旨在通过内容与形式多样的活动以延伸理论学习，开阔学生视野，进一步锤炼语言，提升技能。

表1-3 拓展类独立实践项目表

项目名称	项目内容	主要对象
国际论坛	用英文在论坛中探讨国际问题	二年级学生
时政聚焦与新闻发布	用英语发布全球资讯	二年级学生
模拟金砖论坛	扮演金砖五国代表讨论问题	二年级学生
歌乐国际事务论坛	邀请国内外名人进行国际事务讲座	二年级学生
外交部高级外交官创新实践委员会大使讲堂	邀请外交部资深外交官讲学	二年级学生

通过系列拓展类独立实践，为学生打下坚实的双语运用、活动策划、参与和实施能力。通过这样系列活动的锻炼，我院学生对外交外事相关内容更为熟悉，现实问题解决能力进一步提升，为走出校园，参与外交外事实务工作做好能力和思想的准备。（相关项目策划书、活动新闻稿、统计数据参看支撑材料）

拓展类独立实践在班级、年级、学院和学校四个层面予以推进，基本实现立足班级、坚守年级、辐射全校的格局。

（三）竞技类独立实践项目

竞技类独立实践项目包括多个层级的模拟联合国大会、全国大学生外交外事礼仪大赛、外交风采季（此前为外交风采大赛）、综合技能大赛等。该类活动主要是针对从拓展类独立实践中涌现出来的优秀选手实施的系统强化和提升，通过参加不同层级的赛事检验学习效果。它主要是针对二、三年级学生而进行的拔尖培养，以实现语言与专业的深度融合，进一步强化外交外事实务技能。

表1-4　竞技类独立实践项目表

项目名称	项目内容	主要对象
模拟联合国大会	用英语模拟联合国大会的工作场景	二、三年级学生
全国大学生外交外事礼仪大赛	考查选手如何应对外交外事事务	二、三年级学生
外交风采季	外交知识大赛、政策性辩论赛、模拟新闻发言人大赛、模拟外交谈判大赛、模拟外交舞会、使领馆参观	二、三年级学生
综合技能大赛	英语听、说、读、写、译的全面比拼	二、三年级学生

竞技类独立实践对学生的能力要求较高，为了参加该类独立实践，学生需要额外付出大量的时间准备比赛，同时，需要通过参加比赛不断积累经验。因此，准备和参与该类独立实践，有利于选手全方位提升综合实力，增强对外交外事问题的应对和解决能力。（获奖证书、新闻稿等资料参看支撑材料）

（四）创新类独立实践项目

创新类独立实践项目包括学校、重庆市和国家级"挑战杯"大学生课外学术科技作品竞赛，学校、重庆市和国家级大学生创新创业训练计划，重庆市大学生创新创业大赛，犹太论文大赛等。该类项目源于基础类、拓展类和竞争类独立实践，但有所差异，前三类独立实践侧重于学科基础和基本技能的磨砺，而创新类项目以思想突破为目标，旨在通过选择问题、查阅文献、进行论文写作为基本导向的活动。

表1-5 创新类独立实践项目表

项目名称	项目内容	主要对象
"挑战杯"大学生课外学术科技作品竞赛	撰写科研论文	二、三年级有志于从事学术研究的学生
犹太论文大赛	撰写与犹太问题相关的科研论文	二、三年级有志于从事学术研究的学生
大学生创新创业训练计划	撰写科研论文	二、三年级有志于从事学术研究的学生
重庆市大学生创新创业大赛	撰写科研论文	二、三年级有志于从事学术研究的学生

创新类独立实践对学生的创新思维和科研能力有较高要求，同时需要有强烈的学术兴趣。选择参加此类独立实践的学生需要在教师的指导下进行申报书撰写、方法论和科研论文写作的学习。该类独立实践对于有志于从事学术研究的学生大有裨益。（相关获奖、立项参见支撑材料）

（五）创业类独立实践项目

创业类独立实践项目包括学校、重庆市和国家级大学生创新创业训练计划、"互联网+"大学生创新创业大赛，重庆市大学生创新创业大赛等比赛。创新、创业类独立实践均源于综合实力和基本技能之上，且需要跨学科的视野解决企业运行过程中的现实问题，但该类项目更侧重于对实际工作中具体问题的应对。

表1-6 创业类独立实践项目表

项目名称	项目内容	主要对象
大学生创新创业训练计划	创业实务和创意产品	三、四年级有志于就业、创业的学生
"互联网+"大学生创新创业大赛	通过互联网实现创业	三、四年级有志于就业、创业的学生
重庆市大学生创新创业大赛	创业实务和创意产品	三、四年级有志于就业、创业的学生

创业类独立实践对学生的成本——收益意识、市场观念等有较高要求，需要从企业运行的实际情况思考现实问题。选择此类项目的学生可以自行组建跨学科

团队，与创业导师一道共同进行创业和创意实践，致力于生产一个受市场欢迎的产品或创意。

四、独立实践教学的成效

从实际运行来看，国际关系学院的独立实践在学院全体师生共同努力实施下，取得了诸多成绩，凝练出较为成熟的独立实践教学操作模式，在不同年级师生间进行了代际传递，同时还对学院的人才培养起到显著的推动作用。

根据学院近年来的实验教学探索，总体而言，独立实践已经成为思想播种机、教研试验田、项目孵化器、经验推广站、成长助推器。独立实践有关作用的具体内容如下。

1. 思想播种机

因为独立实践的学生主体性和开放性特征，实验项目设计过程中需要学生个人的原创性观点或思想融入其中，进而设计相关实施形式，并在教师的指导下自主实施。同时，教师在指导的过程中，可以将科研和教学中的前沿思想引入实验项目中。在师生合作推进实验项目时，还会进一步碰撞产生新的思路。因此，独立实践俨然成为一个播种机，师生的思想火花在此得以迸发。

例如，由我院学生组建的长江青年国际事务论坛经历校内选拔，推选进入重庆市50强，角逐2015年重庆市"农行杯"大学生创新创业比赛。该项目源于成员在学院实施的多项独立实践，并结合在模拟联合国协会和纵横学社的实际工作而进行的创业创意尝试，受到与会专家和创业导师的青睐，市场前景看好。

2. 教研试验田

相对于理工科的实验教学体系，文科实验教学尚处于探索阶段。在业已开展的文科实验教学中，语言学或政治学的实验教学尚处于初始阶段。国际关系学院所实施的"语言+专业"跨学科实验教学需要大胆尝试，通过先行先试解决文科实验教学中的重大问题。独立实践无疑是先行先试的主力军。这样的试验已经初步解决了实验项目设计、实验项目创新、实验项目评估等文科实验教学中的根本问题，并正在形成兼具理工科实验教学一般性规律，同时体现国际关系学院特色的独立实践项目。

国际关系学院的独立实践尝试已经引起多所国内兄弟院校的注意，纷纷派学员前来交流学习，在相关领域树立了良好口碑。

3. 项目孵化器

独立实践因为存在于传统课堂之外，能够满足学生发展的多样化需求，展现学生个性，成为培养学生兴趣爱好、培育实验项目、科研论义选题和创业实践的营养基础。多层次的独立体系尝试，显著提升了低年级学生对所学专业的认同感和忠诚度，培养了高年级学生的创新创业意识，培育了众多科研和创业项目。独立实践在国际关系学院师生教学和科研中的孵化器作用逐步彰显。

不仅如此，独立实践教学中的项目制运行方式从根本上颠覆了传统分科教学所带来的种种弊端，转而以问题为导向，以实践为基础，注重学生的主体性作用，重在锻炼动手能力，通过实践实现学生的成长和成才。国际组织人才培养体系正是着眼于新时期各种国际组织涌现后的人才缺口，结合国际关系学院的跨学科特性，以及学校的多语种资源而进行的人才培养模式革新。国际组织人才培养体系的核心在于利用学院的语言和专业基础，利用学院已经形成的独立实践教学体系，通过国际导向、多语特色、能力先行的多样化实验项目，实现情景式、体验式和仿真式学习，最大程度贴近未来工作环境，提高适应能力。

4. 经验推广站

经过近年来独立实践的摸索，在实验项目实施过程中所积累的经验得以及时在学院教学和科研工作中实施，实现了由点到面的拓展。尤其是单个实验项目的经验通过学院层面的制度举措得以及时分享和传播，并通过制度化途径得以固化，很快在全院实验教学和科研活动中得以全面实施。

国际关系学院下属的模拟联合国协会和纵横学社是学生专业学术社团，它们是模拟联合国大会和全国外交外事礼仪大赛川外赛区的策划和实施单位。两大学生团体在独立实践实施过程中将个体经验通过选拔、培训、比赛和赛事经验交流等途径及时反馈给社员或学院相关单位，并在独立实践中得以推广实施。两大社团的活动均立足于学院，辐射重庆，面向全国，同时还成立MODEL APEC协会和模拟金砖国家协会，积极践行并推广这两大模拟活动。

5. 成长助推器

独立实践实验项目尤其是高年级的竞技类、创业类和创新类项目源于课堂但又高于课堂，对于参与者的综合实力具有显著提升作用。通过系列独立实践的锻炼，学生的语言能力和专业能力有了显著进步，帮助学生进入更高的发展平台。

国际关系学院独立实践已经成功培育全国大学生创新创业训练计划一项、重庆市大学生创新创业训练计划两项，获得多个层级的模拟联合国大会奖项，获得全国大学生外交外事礼仪大赛二等奖两次，优秀礼仪团队一次。学院多位学生考取或保送至伦敦政治经济学院、香港中文大学、清华大学、中国人民大学、南开大学、外交学院、上海外国语大学、上海国际问题研究所等高校或科研院，多位学生签约国内外著名公司。

图1-6 成长助推器

国际关系学院所施行的独立实践已经成为学生的梦工场、学院的明信片、学校的宣传栏，正在引领学院的人才培养。

下篇　学生赛事篇

〔知识引领型赛事〕

全国高校联合国知识竞赛与国际化人才培养

何澄昊[①]

摘要： 全国高校联合国知识竞赛由中国联合国协会与北京第二外语学院联合举办，是以促进中国联合国研究的进展、培养具有国际视野的外事人才、增进高校大学生对联合国事业的了解与支持为目标的全国首个推广联合国知识的竞赛活动。本文从赛事简介、比赛流程、赛事能力与要求、准备与参加比赛步骤和我校参赛历程及成绩五个方面着手，介绍该竞赛的概况，分析赛事规则和题目特点，解读该赛事对选手提出的要求及考查的能力，提供参赛准备的方法与答题的建议。本文不仅利于有意参加该竞赛的师生系统备赛，同时便于对联合国和有关竞赛感兴趣的学生增加对联合国及相关竞赛的了解。

关键词： 联合国知识竞赛、比赛流程、能力要求、准备步骤

一、赛事简介

全国高校联合国知识竞赛由中国联合国协会与北京第二外国语学院联合举办，2017年和2018年各曾举办一届。本赛事是全国首个推广联合国知识的竞赛活动，秉承"进一步提升我国青年学生对联合国事务的兴趣，促进中国联合国研究的进展，培养更多胸怀祖国、放眼世界的优秀人才"的目标，吸引了来自全国数十所高校参赛，选手在比赛中收获了知识和友谊，比赛实现了预期效果，取得了圆满成功。

开展联合国知识竞赛响应了中国联合国外交的需要。自1971年联合国二十六

---

① 何澄昊，外交学院研究生部，此篇为作者就读于四川外国语大学时所作。

届联大恢复中华人民共和国在联合国的合法席位之后，中国积极参与联合国的各类活动，国际地位不断提高，国际影响力日益增强，为维护世界和平与安全，推动全球善治和可持续发展，建立公正、平等的全球政治经济新秩序做出了卓越贡献，赢得了世界各国的普遍赞誉。2015年9月，习近平主席强调中国要继承和弘扬联合国宪章精神，决定设立为期10年、总额10亿美元的中国—联合国和平与发展基金，加入新的联合国维和能力待命机制。这充分表明中国政府高度重视联合国的作用，积极参与联合国的活动。中国的举措必将促进联合国的继续发展，为世界的和平与发展做出新的贡献。[①]

随着中国综合实力和国际影响力的提升，中国对于维护世界和平与安全、促进全球可持续发展议程和全球治理发挥了越来越大的作用。全国高校联合国知识竞赛作为检验各高校联合国问题教学成果的重要平台，为广大青年了解联合国、研究联合国、树立从事多边外交理想提供了有效途径，为各校培养政治素质强、本领过硬、外语流畅的复合型人才工作指明了方向。

二、比赛流程

（一）知识竞赛赛程

9：00—10：00：开幕式；

10：00—12：00：初赛；

14：00—16：00：决赛；

16：00—16：30：专家点评；

16：30—17：00：颁奖仪式。

---

① 全国高校联合国知识竞赛公告：http://news.bisu.edu.cn/art/2017/5/4/art_1801_139689.html

（二）赛程安排

（1）竞赛赛制[①]

比赛采用淘汰制，经过预赛（必答题和抢答题两个环节）后，得分靠前的8支代表队进入决赛，依据最后得分高低，分别获得各类奖项。

（2）各题型计分规则[②]

预赛包括单选题和判断题两种题型。决赛回答问题环节的题型是多选题。

预赛第一轮必答题：各代表队轮流答题，回答正确加10分，回答错误不扣分。有疑难问题请评审裁决。结束后记分员统计第一轮总分并进行排名。

预赛第二轮抢答题：各代表队抢答问题，回答正确加10分，回答错误扣10分。有疑难问题请评审裁决。抢答题结束后记分员统计第二轮总分并进行排名。

决赛回答问题：各代表队抽取题目回答，根据对错加减相应分数（答对加分，答错扣分）。有疑难问题请评审裁决。

决赛即兴演讲：各代表队由1名选手扮演相关国家或国际组织的发言人进行模拟发言，每队发言3分钟。此轮比赛结束后，邀请评审进行点评，同时统计总分，分数从高到低排出名次。

决赛情景模拟：各代表队扮演相关国家代表参与重要的国际谈判或国际会议，各队现场随机抽取国家，用英语发言。此轮比赛结束后，邀请评审进行点评，同时统计总分，分数从高到低排出名次。

加试比赛规定：若比赛过程有代表队分数相同，且影响比赛晋级或名次的，应进行加试比赛。加试比赛采用抢答方式，胜者得分。加试题所获得的分数不计入总分，只做排名用。

（3）样题[③]与分析

单选题：（　　）是联合国的主要审议、决策和代表性机关，是唯一具有普遍

---

① 关于举办第三届全国高校联合国知识竞赛的通知：http://www.bisu.edu.cn/art/2019/9/2/art_9923_229399.html

② 同上。

③ 同上。

代表性的机关。

A. 联合国大会　B. 安全理事会　C. 国际法院　D. 秘书处

答案：A

分析：本题考查联合国大会的性质，只要掌握联合国的主要机关就可以回答。单选题还考查联合国的历史、重要文件和机构运行规则，这些题会者不难，难者不会，选手只要扎实学习就能沉着应对。

多选题： 大会对于重要问题的决定，例如关于＿＿＿＿，必须由三分之二多数通过。（　　）

A. 关于和平与安全

B. 接纳新会员国

C. 人口问题

D. 预算事项的决定

答案：ABD

分析：本题考查联合国大会投票规则，内容出自《联合国宪章》第十八条第二款，只要掌握《联合国宪章》就可以回答。多选题对知识的考查更深入细致，且本赛事多选题实施赢者通吃原则，必须全部选对才可得分，由此提醒选手对复杂概念应全面掌握。

判断题： 联合国在非洲的两个主要活动中心是肯尼亚的内罗毕和埃塞俄比亚的德雷达瓦。是否正确？

答案：错误。

分析：本题考查联合国的区域任务，内容出自联合国官网非洲主页，"联合国在非洲的两个主要活动中心是：肯尼亚的内罗毕和埃塞俄比亚的斯亚贝巴"，只要学习联合国官网的相关内容分即可掌握。选手在学习阶段应该将系统学习和广泛积累相结合，扩展知识广度。

填空题： 经社理事会共有＿＿＿＿个理事国？

答案：54。

分析：本题考查经社理事会概况。填空题问题由一到三个空组成，考查选手对知识掌握的准确度。

即兴演讲题：

2019年是联合国成立74周年，联合国在维护世界和平与促进发展方面发挥着巨大作用，得到了广泛的支持和认可。在当前国际形势下，联合国也受到单边主义的严重冲击。

请你模拟联合国秘书长，就《联合国的成就和挑战》进行演讲。

（注：由决赛队伍从10道备选题中各选择1题，每道题演讲3分钟。使用中文发言。）

分析：本演讲题可以从题目立意和答题技巧两方面进行解读。题目立意方面：首先背景紧贴时政，2015年是联合国成立70周年，2019年接近联合国成立74周年，一方面选手应该适当回顾联合国历史上在维护世界和平与促进发展方面的巨大作用，另一方面应关注联合国在这些工作上的前沿进展；其次是成就与挑战并存，选手在演讲中应特别注意"联合国得到的广泛支持和认可"与"联合国受到的单边主义严重冲击"，对这两种现象进行阐述、分析；最后结合自身观点加以论述。答题技巧方面：应注意立场先行，论据为论点服务，全篇符合总—分—总结构等技巧。

情景题：

请现场模拟不同立场的国家在联合国安理会讨论伊朗核问题。

现场抽取所代表的国家：美国、英国、法国、德国、中国、俄罗斯、伊朗、科威特。

（注：陈述观点每组5分钟，进行辩论20分钟，共计60分钟。使用英语发言。）

分析：本题体现了情景题出题的一些典型特点。首先是背景紧贴时政，现实意义强，讨论价值高；其次是情景灵活性高，本题假设了一场安理会伊核问题讨论作为现实伊核问题的后续，既为选手提供了现实依据，又不限制选手的发挥空间；最后，题目要求选手模拟不同立场进行讨论，引导选手坚持问题导向，以寻找共同利益，合作解决问题为主轴，鼓励互动，体现出本题和"交谈就是辩论"的讨论磋商是完全不同的。

三、赛事能力与要求

本节将从赛前、参赛、赛后三个阶段总结本赛事对选手能力的要求，以便备赛同学有针对性地提升自身能力。其中赛前阶段要求选手具有知识点总结归纳和题目分析的能力；参赛阶段要求选手具有观察、分析判断、谈判和演讲的能力；赛后阶段选手应具有总结反思的能力。

（一）赛前阶段

赛前阶段各选手应具备的能力应以参赛为导向，以高效学习、有备参赛为目的。

知识点总结归纳能力。选手应该对所学相关知识进行归纳，一是按照主题归纳，二是按照时间顺序串联重大事件。

题目分析能力。选手应该在赛前对样题进行分析，总结它们的特点，以便进行针对性的练习。选手应该分析题目的类型和主题，锁定题目对应的知识点。

（二）参赛阶段

具有不同特点的预赛和决赛阶段对选手的能力要求不同，故下文将预赛阶段要求的能力和决赛阶段要求的能力分别叙述。而两个比赛阶段会产生不同的要求，是由题型差异决定的。在预赛阶段只做客观题，其特点在于：首先，内容上考查的是选手的知识记忆力，不考查选手的语言及逻辑组织能力；其次，在形式上同组各队按序作答和抢答，相互之间无互动或者极有限互动，所以各队容易形成和保持较强的独立答题节奏，便于协调队内分工协作；最后，客观题答案当场公布，加上抢答题具有分数惩罚机制，会对选手的心理和答题策略产生即时影响。

在决赛阶段，持续约1小时的情景模拟题构成了选手要面临的主要挑战。首先，情景题对选手语言能力要求较高，全程须使用英语发言；其次，情景题形式开放，要求选手就一个议题提供解决方案，找到不同队伍的利益平衡点，讨论和扬弃不同队伍的价值取向；最后，情景题是一种模拟实践，对选手全程举止是否符合外事礼仪进行考查。

1. 预赛阶段

观察能力。踏入赛场的选手对知识已经有较好掌握，但预赛是同场4个队伍在主办方组织下的竞争，想赢不仅要知己还要知彼，观察的对象有其他参赛队和主办方。观察其他参赛队时应注意以下方面：第一，注意其他参赛队伍的得分情况，大致分析对手实力相对己方的高下，以此为据便于选手保持稳定冷静的心态，为己方在抢答阶段调整答题策略提供依据；第二，注意其他队伍的选题情况，本赛事题目具有按主题排序、难度阶梯明显的特点，故在轮流选题时，本队的选题应该参考其他队伍，以便选出本队擅长板块的题目，规避难题偏题。观察主办方时：第一，注意赛场顺序安排，各队选题顺序有先后，各队抢答器是否匹配，如果安排有误要及时反映，否则会造成赛场秩序混乱；第二，注意主持人念题目的方式，若答题计时从主持人念完题目开始，则实际答题时间从PPT放映题目开始，宜利用主持人念题时间看题思考。

分析判断能力。分析能力指对本队情况和赛场客观情况进行分析的能力，判断能力指在分析的基础上形成有利于本队答题策略的能力。对本队的分析包括：第一，分析选手知识的优势与不足，让选手抽选回答自己熟悉板块的题目；第二，分析本队得分情况。对赛场情况的分析包括：第一，题目模块和难度阶梯；第二，比赛规则的特点，如必答题的非线性答题与选题环节，抢答题的加减分机制，加赛题以一题定胜负，观察出这些特点便于选手即时调整自身答题策略。判断能力以得分晋级为目标，抢答题加减分机制和答题实践中选手必然受到偏难题的困扰，突出了这项能力的重要性。主要体现在，必答题阶段如何选题，抢答题阶段要不要抢答这两个方面。

2. 决赛阶段

谈判能力。谈判就是站稳己方立场，根据给定条件，与其他谈判方通过妥协，力求最大达成目标的艺术。比赛中谈判项目对选手的要求主要有：第一站稳立场，即对本队给定的身份清楚认知，根据身份牢记自身给定利益，判断其他谈判方的敌友程度——谁是我们的敌人，谁是我们的朋友，他们是我们多好的朋友，他们是我们多坏的敌人，这是谈判的首要问题。第二认清条件，包括：其一条件的轻重，核心利益如主权寸步不能让，无足轻重的利益如经济科技合作、人口管辖权力可以交换，累赘条件如主动使用武力威胁的选项不予考虑；其二条件的缓急，先解决核心利益争端还是先谈容易达成一致的项目，要结合其他谈判方决定；其三条件之间的联系，如主权纠纷作为各方矛盾核心往往制约着谈判的达成，多个次要目标的达成反过来对核心矛盾的解决起推动作用。

演讲能力。首先，吐字清晰，演讲流畅。克服含糊不清、讲话结巴的情况，如果这类毛病是选手的习惯，那么应该在备赛阶段大量练习加以改正；如果是临场紧张引起的，那选手一方面应调整心态，另一方面不妨把语速放缓，语调降低。演讲也不宜滔滔不绝，一泻千里，而是在提观点、举例子、做总结等合适节点进行停顿，便于听众理解选手的演讲关键点。如果能用上一些切题的习语和修辞则无疑是锦上添花，如某选手在强调海平面上升有淹没岛国的危险时说the risk of being submerged is at our necks，做出了生动有力的说明。选手亦不必过度在意口音是否纯正，一切以表达清晰为准。然后要注意演讲逻辑，第一，注意突出主题，开门见山地提出主题，把各方关注的核心问题摆到桌面上。例如，2017年5月14日"一带一路"国际合作高峰论坛，习近平主席发表的主旨演讲的开篇设计：

"孟夏之日，万物并秀。"在这美好时节，来自100多个国家的各界嘉宾齐聚北京，<u>共商"一带一路"建设合作大计</u>，具有十分重要的意义。今天，群贤毕至，少长咸集，<u>我期待着大家集思广益、畅所欲言，为推动"一带一路"建设献计献策，让这一世纪工程造福各国人民</u>。[1]

120字的开篇明确了演讲主题——共商"一带一路"建设合作大计，提出了会议目标——让这一世纪工程造福各国人民。

其次，论点清晰，论证充实。选手最好段落化列举合乎主题的论点，配合事

---

[1] 习近平："一带一路"国际合作高峰论坛主旨演讲，2017年5月14日，北京。

实数据等进行说理，论点间有因果、递进等顺序的要按序说理。总之，注意逻辑以讲清楚想表达的内容为准。

最后，选手应保证自身演讲的感染力，引起观众的共情。

外事礼仪。在情景模拟中选手以给定国家外交官的身份出场，所以外事礼仪成了本环节必然考查的项目。由表入里分析，本环节主要考查外事礼仪的如下方面。首先，适当着装，选手最好着正装并在发言和坐席时注意相关礼仪；其次，选手的言谈应该得当，包括避免用语过于生活化，熟练运用题目情境相关术语，语速适中，语调平缓等；最后也最重要的是，选手应该具备外事人员的思维，一方面在和其他选手互动时应坚守本队立场和底线，不宜过谦；另一方面即使本队处于优势，也不宜盛气凌人，极限施压，总之应该不卑不亢，以对等原则参与互动。

（三）赛后阶段

总结反思的能力。赛后阶段，选手应该总结本队的比赛经历，为后续参赛做好储备。选手可以趁热打铁，从参赛阶段、备赛阶段进行回溯总结，还可以先从整体总结参赛的得失，再追求细节的提高。

对于参赛阶段的总结，首先是对知识掌握情况的总结，包括哪些知识是没有掌握牢固的，哪些知识是没有学习到的，同时总结赛方倾向考查哪些主题、板块的知识，比如，联合国的历史和结构就是显然的重点；其次是对参赛技巧的总结，如抢答题的策略、情景题的技巧；最后是对心态的总结，参赛时有没有过度紧张或者散漫粗心，从而对答题产生了影响。总结完参赛阶段的问题，回溯这些问题是不是备赛环节中产生的，并对备赛方法进行改进，方便后续参赛。对于总体和细节的总结则是从比赛印象最深的环节开始，先进行大概总结，再从细节进行总结与反思。

四、赛事准备与参赛步骤

（一）学习阶段

学习阶段指的是备赛选手进行相关知识学习和储备，构筑知识结构的阶段。学习阶段从备赛同学做出参赛决定开始，直到比赛结束，在学习阶段后应结合练习阶段，以练习巩固学习，以学习充实练习。本节将以学习材料为主体，介绍侧重点、学习主要目标和学习方法。

1. 联合国官方网站[①]——最重要的基础知识来源

备赛选手应注重赛事出题的难度阶梯性，在占题数量和分值较多的基础知识部分要扎实学习，为取得高分打下良好前提。

通过联合国官网学习的主要内容有联合国的历史、联合国的主要机关、联合国的重要文件、纪念日和诺贝尔和平奖。在官网主页"联合国概览"一栏可以导向至除了纪念日以外的上述板块，在"纪念活动"一栏可以导向至纪念日有关内容。

图2-1　使用联合国官网进行学习

---

① 联合国官网：https://www.un.org/zh/about-un/index.html

联合国的历史包括三个板块的内容。第一板块是联合国前身的历史，例如，成立于19世纪六七十年代的国际电信联盟——万国邮政联盟，后来演变成今天联合国的专门机构；又如，1899年设立的常设仲裁法院，其解决和平问题、防止战争的目标被联合国宗旨继承；以及在第一次世界大战的背景下构想出来，旨在"促进国际合作和实现世界和平与安全"，以国际劳工组织为附属机构的联合国的前身——国际联盟。第二个板块是联合国成立的历史，即从1942年1月1日同盟国家首次使用"联合国"名称，到1945年10月24日联合国正式成立的历史。而对联合国成立历史的考查又可以转化为对《联合国宪章》诞生的历史考查，所以清楚掌握《联合国宪章》的诞生历程，也就掌握了联合国诞生的历史。第三个板块是联合国成立至今的大事件，在"联合国概览"页面下的"里程碑"一栏中，以10年为单位，罗列了自1941年至2020年联合国参与的重要历史事件。

联合国的主要机关即1945年联合国成立时设立的大会、安全理事会、经济及社会理事会、托管理事会、国际法院和秘书处。首先，备赛同学应该掌握主要机关的职能、设立地点、成员数量，涉及理事国选举的要掌握选举程序和理事国任期。其次，掌握联合国历任秘书长的任期大概时段，他们的主要工作经历和成就，秘书长各来自哪些大洲。"联合国秘书长"这一知识点有较强引申性，第一是引申出联合国组织规则，如常任理事国不产生联合国秘书长，各大洲轮流产生秘书长；第二是引申出联合国行动原则，哈马舍尔德任秘书长期间提出的"维和三原则"；第三是引申出与秘书长同时段的国际关系史事件，如吴丹在任时曾调解古巴导弹危机、1965年印巴争端和第三次中东战争，又如，瓦尔德海姆因为他的"特殊'二战'背景"和工作上引起美苏不满，成为唯一只出任一个任期的联合国秘书长。最后，大致掌握联合国主要机构、附属机构和专门机构间的区别和联系，特别注意专门机构和经济及社会理事会的关系。

联合国的文件包括《联合国宪章》、《世界人权宣言》、联合国大会决议（简称联大）、安理会决议、秘书长年度报告以及公约与宣言。其中《联合国宪章》和《世界人权宣言》是最重要的文件，备赛同学应了解其历史背景，阅读全文，掌握篇章结构。对于其他文件，备赛同学只需掌握全称、时间和产生这些文件的会议即可。联大和安理会决议,公约宣言及其背景看似淹没在文山会海之中,但实际学习时,备赛同学可以结合历史时间轴、联合国各机关或者不同议题模块记忆这些文件,这样一来便于快速掌握相对重要的文件,二来可以整合记忆、联想记忆,提高效率。例如,核裁军模块涉及有1968年的《不扩散核武器条约》、1996年联大通过的《全面禁止核试验条约》;扩大到大规模杀伤性武器管控领域则还应该包括1993年的《禁止化学武器条约》、1975年的《禁止生物武器条约》等。

对于纪念日和诺贝尔和平奖只需要记忆日期、主体和事件,这部分内容和联合国历史存在重合,便于备赛同学复习巩固。可以按时间顺序进行记忆,也可以依照事件或主体进行记忆,如联合国难民事务高级专员办事处曾在1954年和1981年两度获取诺贝尔和平奖。

2. 外交部官网——学习中国的多边外交

本赛事对外交部学习的重点是"外交部→组织机构→国际司/国际经济司/条约法律司/军控司""国家和组织→国际和地区组织"等栏目。即通过外交部官网学习中国的多边外交。

打开这些页面,一是学习组织机构,二是关注相关信息涉及的重要会议、通过的重要文件。

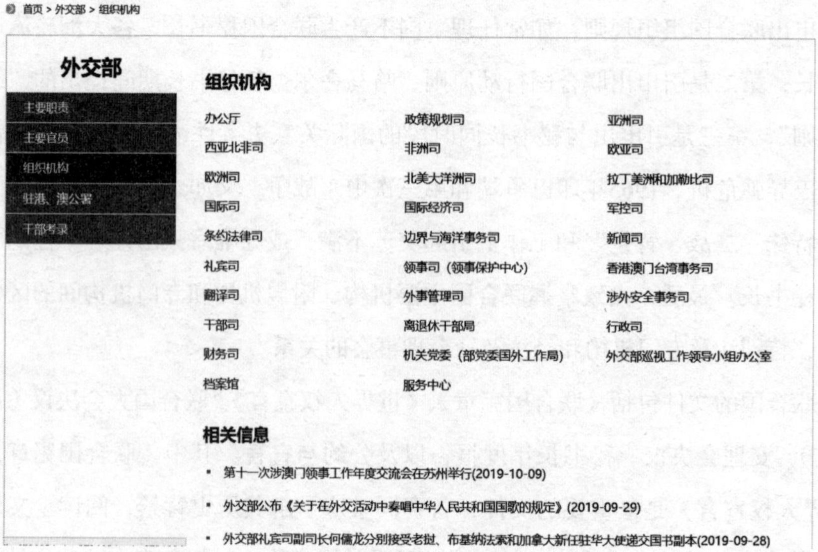

图2-2 外交部官网组织机构

以对军控司的学习为例，首先应了解军控司的主要职责，接着学习相关新闻、现场直击、发言与文件和政策立场等。

西亚北非司	主要职责：调研国际军控、裁军、防扩散、出口管制以及全球和地区安全等问题，组织拟定相关政策，会同有关部门研究处理相关事务；组织有关国际条约和协定的谈判；协同有关部门履行有关国际条约和协定；指导驻外外交机构有关业务。

电　话：+86-10-65963900

相关新闻

- 中国启动加入《武器贸易条约》国内法律程序(2019-09-28)
- 外交部发言人就美等27国发表网络空间负责任国家行为规范联合声明有关表态(2019-09-27)
- 2019年度联合国裁军培训班来华学习访问(2019-09-27)
- 中国代表团团长傅聪在第十一届促进《全面禁止核试验条约》生效大会上的发言(2019-09-26)

更多>>

现场直击

核安全峰会　　　　　伊朗核问题

发言与文件

- 中国代表团团长王磊参赞在联合国信息安全开放式工作组首次会一般性辩论中的发言(2019-09-27)

图2-3 使用外交部官网学习军控司知识

外交部官网是学习中国涉联合国多边外交机构、立场和文件的极佳资源，具有权威性高、资料翔实、更新及时的特点，尤其适合对国际司、国际经济司等组织机构和二十国集团、红十字国际委员会等国际组织的专题学习，需要选手重视并认真学习掌握。

3. 教程《联合国简明教程》

图2-4 《联合国简明教程》

《联合国简明教程》由李铁城、邓秀杰编著，是十二五规划教材，备赛选手应该认真阅读学习。全书分为历史编、基础编、专题编和中国编四个部分共二十讲，全面涵盖联合国历史、人权问题、维和行动、中国参与联合国等主题。

备赛选手在通读该教材后，还应熟悉教材目录，按编按讲分专题进行巩固，在后续练习和复习中也可随时进行查阅。

4. 知识拓展《联合国70年：成就与挑战》

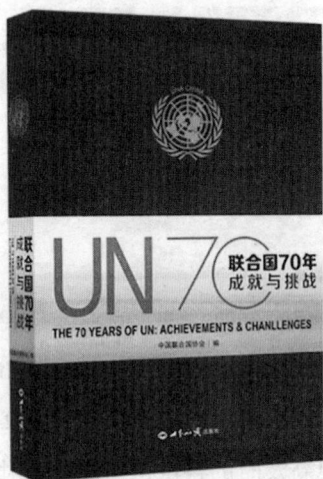

图2-5　《联合国70年：成就与挑战》

《联合国70年：成就与挑战》收录了国内45位顶级专家对联合国的最新研究成果，由中国联合国协会会长卢树民大使作序，是中国献给联合国成立70周年的礼物。全书分为八部分：概述；防止冲突、维护和平；裁军与防扩散；国际法建设；经济、社会与可持续发展；保护人权；新机遇、新挑战；联合国体系与机制。

学习本书有利于选手了解我国对联合国研究的前沿成果，培养对联合国研究的兴趣，深度拓展联合国知识。同时，该书作为纪念联合国成立70周年的图书、世界知识出版社2015年度重点推出的庆典之作，具有收藏价值。

5. 新闻时政

学习新闻时政有两个目的：一是了解时政热点，这些热点会直接体现在赛题中；二是提高英语口语能力和用词准确度。材料最好选取政策文件、经济政治类新闻和领导人讲话，推荐的网站有中华人民共和国外交部官网英文版[①]、美国白宫官网[②]、美国中央情报局官网[③]、各类新闻网站等。

（二）练习阶段

本节分为客观题和情景题两部分，分别介绍它们的练习方法和需要达到的效果。

1. 客观题练习

模拟出题是一种高效率的练习方法。模拟出题，有利于选手重新梳理知识结构，思考知识重点，深入理解各种题型的特点；做题练习，要尽量模拟正式比赛的环节步骤，达到有效练习的目的。

模拟出题的内容应该来自联合国、中国外交部官网和参考书目。本赛事通常有两个月准备时间，前一个月选手可以根据学习进度分专题出题，后一个月的模拟出题则应该尽量涵盖全部知识点。所有备赛选手都应该出题，每次出题在20道左右，那么假设有5名选手备赛，每次练习的时候就可以练习100道客观题，这样既能保证练习量，又便于尽量全面地考查知识点。最理想的练习频率是备赛选手每天聚齐练习，每周合练的次数不低于3次，密集的练习才能保证在较短的备赛期较好地掌握知识点。练习答题时应严格模拟计时，有条件的可以模拟抢答。

每次答题练习结束后，应统一把所有题目再浏览一遍，由出题选手说明题目知识点和题中陷阱，便于全体选手查漏补缺。选手出题有重复的，说明该知识点可能很重要，应重视。选手应将模拟出题收集汇总，温故知新。

2. 情景题练习

坚持日常英语阅读。即使备赛选手没有日常阅读的习惯，也应该在备赛期间每天抽1小时以上的时间读英语，材料最好是政策文件、经济政治类新闻，还可

---

① 中华人民共和国外交部英文版：https://www.fmprc.gov.cn/mfa_eng/
② 美国白宫：https://www.whitehouse.gov/
③ 美国中央情报局官网：https://www.cia.gov/index.html

以是领导人讲话和部委例行发布会的发言稿等。

进行情景题模拟。选手仿照样题的格式，从时政热点中寻找题材，设计适合多人练习的模拟情景题，每次模拟练习时随客观题一起练习。练习时间应该在20分钟以上，也可以视选手是否提前备题增减时长。如果选手在练习前有数小时准备时间，则可以延长练习时间至1小时，这种情况下练习情景题的目的应是清楚详尽表达本方观点，阐述立场，提出并讨论方案，力求达成共识；如果在练习时当场开题，选手没有时间准备，则可以进行短时练习，选手把练习重点放在吐词清晰、语言流畅、逻辑连贯方面。

（三）参赛阶段

本节将给选手提供参赛建议，主要包括作息建议、心理调整、客观题技巧和情景题技巧。

1. 作息建议

根据比赛时间安排的特点调整作息，利于选手保持比赛状态。首先，赛程紧凑，只有一天。选手不需要准备持续比赛，只需保证比赛当天精力充足，头脑清晰。其次，下午比赛强度更高，没有午休时间。情景题独具的多边互动属性对选手状态挑战更大，此前的知识竞答形式更传统。针对这些特点，本节的作息建议：第一，赛前一晚不要因为兴奋或者备赛熬夜，应该早睡早起，比赛当天要确保头脑清醒状态佳；第二，如果无法午休对选手会造成影响，可以提前确定情景题主副谈判手分工，主谈判手可午间休息，副谈判手主要负责收集材料，在下午赛前和谈判题开始前全队应熟悉材料，商议答题策略。

2. 心理调整

本节将分必答题、抢答题和情景题，为选手调整心态沉着应赛提供建议。

必答题阶段，稍微紧张、但不急躁，打造好开局。必答题设计在比赛开局阶段，各队没有互动，独立抽题作答，选手不必高度集中，应把精力分配到后续比赛中，放松心态，根据平时练习积累答题即可；选手应把答题节奏放缓，在时间允许范围内沉稳作答，观念上要树立开局意识。一方面，认真应对，不犯审题失误等低级错误，并将能掌握的分数收入囊中，打好开局；另一方面，做好"持久战"准备，不把必答题的得失看得过重。

抢答题阶段，以我为主、保持镇定，晋级稳中求。抢答题对选手心态的影响源于它的两个特点：选手互动性（尽管是低强度的）、决定成绩的分数变动。因此，处理抢答题一定要以镇定的心态为核心。以我为主，指的是虽然要与其他队伍抢答，但主要是本队要提高抢答成功率和正确率，所以本队可以观察对手，但注意力仍应集中于本队抢答，即以我为主。保持镇定，指的是选手应沉着应对加减分制引起的分数变动，是否积极抢答、每题必答是策略问题，但能不在领先时浮躁冒进，不在落后时焦虑畏缩，是选手应该具备的镇定心态。

情景题阶段，平和坚定，不卑不亢。情景题的特点：一是互动性强，即不同队伍选手不间断谈判斡旋；二是时间紧张，5个队伍仅有1小时互动时间。选手调研、观点、逻辑都以谈判互动的形式展现，所以选手的心理状态需适应这个形式。平和坚定对选手互动提出了两个要求：平和要求选手自身不急躁，娓娓道来，对其他选手怀有尊重和学习的心态；坚定要求选手在多边斡旋中坚持本队的立场和观点。不卑不亢是选手自我表达的要求，不卑指的是选手自信表达，在多人斡旋中尽量展示自己和队伍准备的成果；不亢指的是选手要提醒自己表现得有礼有节，风度与能力并重。

3. 客观题技巧

练武不练功，到老一场空。武者空有巧妙的武技而没有深厚的功力支撑，是不能成就武功的。以下答题技巧希望能帮助知识积累广泛扎实的选手答题时事半功倍。

跟随主持人读题。此技巧所有客观题都适用。审题倒计时在主持人读完题干和选项后才会开始，所以在PPT显示题目时就可以审题，这样选手实际拥有的审题时间大大增加，应利用这些时间多加思考提高答题正确率。

判断题目主题。此技巧多适用于必答题。题号相连的两三道必答题是在一个主题框架之下的，比如，都是考查联合国历史或都是考查联合国系统。所以选手若对某个主题有把握，可以抽取题号相邻的题目，快速积累得分。选手应该熟悉联合国官方网站、《走进联合国》等参考资料的编辑顺序，其顺序和赛题的主题排序有一定联系，如联合国的历史、机制属于较基础的主题，而联合国附属机构、纪念日等属于考查偏细节的主题。

观察题目和选项判断正误。此技巧所有客观题都适用。首先审清题干，客观题中多选题和单选题混合，首先判断题目是多选还是单选。然后审清题目要求选正项还是误项。最后判断答案的数量：两个选项意思完全矛盾的，一正一误；选项中出现人物地点时间的，重点判断；选项表述详细，术语连贯，用词精练，有可能该题全对。

擅用抢答器。答题之前，要先抢到抢答器，所以选手要了解和适当使用抢答器（常见的抢答器如图2-6所示）。首先，选手应在检查抢答器环节对其进行检查，除了检查抢答器有无故障外，还应确定抢答器与本队座位对应。其次，在使用抢答器时，宁缓毋急，等抢答提示音发出后而不是抢答刚开放时就按下抢答器，否则选手可能抢答过早，错失机会。

图2-6　抢答器

4. 情景题技巧

前文已经说明，情景题是对选手谈判、演讲、外事礼仪能力的综合考验，具有高互动性的特点。所以选手应把握一切机会发言，展示自己的能力。如果本方选手能首位发言，就应该抢先设置议程，说明本方利益，阐述本方观点，兜售本方方案。如果其他队伍抢先发言，应该准备好本方的利益和观点，同时聆听他方观点，注意能够与他方达成合作或者同意的地方，在适当节点表示理解、支持，随后把握话题，开始阐述本方的利益和观点。尽管各方肯定会遇到利益分歧，但选手仍应努力尊重他方。情景题的根本目标是达成共识，解决问题，选手应该选择合作而不是对抗，协议而不是争吵，求同存异，达成共识。正如周恩来总理参加万隆会议时做的——求团结而不是吵架，留下团结、友谊、合作的宝贵财富。

五、我校参赛历程及成绩

我校参加了首届和第二届全国高校联合国知识竞赛。选拔在赛前两个月、比赛公告发布时启动，吸引了外交学、国际政治、英语等不同专业学生踊跃参加。我校采用持续淘汰选拔制，学生的知识学习、模拟训练和选择淘汰过程结合在一起。两个月备赛时间里，我校采取学生独立学习、集中模拟训练的形式，通过自主退出淘汰和选拔考核的方法，在赛前半个月确定三名学生参赛。确定参赛的选手继续采用以学带练、学练结合的方法，至赛前每周集中模拟训练五次。最后，我校选手在2017年冬和2018年夏赴京参赛，并顺利通过考验，完成比赛，荣获三等奖，展现了我校学生扎实的专业功底。

"祖国在我身后"领事保护情景剧大赛

周思邑　杨　宏[①]

摘要：领事保护（简称领保）是中国外交"以人为本、外交为民"的体现。为普及领事知识，反映新时代，传播正能量，弘扬主旋律，四川外国语大学国际关系学院举办了"祖国在我身后"领事保护情景剧大赛。本文立足于参赛者角度，介绍赛事背景、比赛流程、赛制安排、参赛准备与参赛步骤、赛事能力要求、我校参赛历程和成绩等情况。"祖国在我身后"领事保护情景剧大赛既是传承，又兼具创新。本文通过介绍"祖国在我身后"领事保护情景剧大赛情况，为未来参赛者和创赛者提供新的思路，以期涌现更多精彩参赛作品和活动，培养优秀"复语复专业"的应用研究型人才。

关键词：领事保护、情景剧、赛制能力

一、赛事简介

2017年，中国外交部领事司成立10周年，为庆祝领事司成立10周年，外交部主办了第一届"祖国在你身后"情景剧大赛。该活动受到了各高校的广泛关注，为深入学习贯彻党的十九大精神，以习近平新时代中国特色社会主义外交思想为指导，以外交和领事保护工作为主题，以提高高校师生应急避险和预防性领事保护能力为根本目的，四川外国语大学国际关系学院开展"祖国在我身后"领事保护情景剧大赛，旨在大力普及领保知识，反映新时代，传播正能量，弘扬主旋律。

情景剧表演中所表现的领事保护问题是活动关注重点。领事保护（Consular

---

① 周思邑，四川外国语大学国际关系学院。杨宏，四川外国语大学国际关系学院。

Protection）指一国的领事机关或领事官员，根据本国的国家利益和对外政策，于国际法许可的限度内，接受国内保护派遣国及其国民的权利和利益的行为。

据统计，2017年，中国外交部和驻外使领馆会同各有关部门，妥善处置领事保护和协助案件7万起。领事保护问题不仅是一国政府外交部门关注的重点，更应该是每个出行国民都要认真学习的知识。领事问题涉及范围广，从个人安全到大范围撤侨行动。希望通过模拟领事保护的相关情景，参与者能学习到在海外遇到问题时如何冷静应对，从容处理事故，更加生动形象地学习有关领事保护的知识。截至2019年，四川外国语大学已成功开展三届"祖国在我身后"领事保护情景剧大赛，备受多方关注。

"祖国在我身后"领事保护情景剧大赛的目的是在普及领保知识的同时，为学生提供一个交流的平台，使学生通过该活动更好地了解彼此，丰富课余生活，促进团结合作，激发创新能力。

二、比赛流程与赛制

该比赛分为初赛和决赛两个部分。

（一）初赛赛制

本次"祖国在我身后"情景剧大赛初赛是以现场表演的方式进行，要求参赛人员现场表演情景剧。剧本自编，人数至多15人，需提前提交的材料是剧本。

比赛形式

本次情景剧初赛采取现场表演形式，要求参赛人员认真和热情演绎，根据表演效果和剧本，评委进行打分。

剧本要求

根据再现真实案例或由真实案例改编（坚持原创，严禁抄袭）的原则，在剧本开头简要介绍真实案例，并附演员表，字数不超过3000字，幕数不超过5幕，字体为宋体，四号（剧本的命名方式是"剧名+负责人名字"）。

参赛方式

有意向者根据策划组（纵横学社项目组）所提供的信息进行线上报名，报名所需要提交的材料有剧本、报名表。

报名时间

报名开始时间为每年3月中旬，报名截止时间为4月中旬，初赛截止时间为4月底。

比赛流程

有参赛意向者根据参赛方式进行活动报名，将所需材料发送至主办方邮箱。报名的同时需提交剧本，剧本审核通过后，根据通知时间进行现场表演。初赛将持续三天，评委组将会在初赛结束后三天内统计出各小组得分。初赛中排名靠前的小组可成功晋级决赛。

表2-1 评分标准

评分标准	评分细则
思想性	结合党的十九大精神，体现思想高度
知识性	领事保护理论及相关知识点
	理论与现实结合性
	真实案例还原程度
	现实教育意义
观赏性	剧情完整、自然流畅
	角色演绎感情饱满
	舞台整体画面感
	服装与道具

（二）决赛赛制

时间：每年5月中旬

地点：视情况而定

比赛准备

赛前：确定入围决赛后，要进行多次反复排练；准备好表演需要的服装和道具以及制作好背景PPT，PPT中的插图要求高清无水印。

赛中：在前一组表演时，到后台候场，检查耳麦和话筒是否有声。

赛后：总结此次比赛的优点和不足，为以后参赛做出改进。

比赛流程

决赛出场顺序由评委组老师决定，选手需提前到场，服装道具等表演所需物品都需要提前做好准备。

奖项

团体奖：一等奖1名，二等奖2名，三等奖3名。

单项奖：最佳编剧奖1名，最佳导演奖1名，最佳男主角奖1名，最佳女主角奖1名。

奖励物品：荣誉证书1本及奖品。

三、赛事准备与参赛步骤

（一）比赛前期

调研：调研是指通过各种调查方式系统客观地收集信息并研究分析，在情景剧参赛前需要选择案例原型。在挑选案例原型的过程中，需要大量收集资料、查询信息，分析案例原型是否适合改编成剧本。

编剧：编剧以文字的形式表述节目或影视的整体设计，作品就叫剧本。在做完调研，选好案例原型之后，将案例原型进行改编、丰富情节，并适当增加角色和台词，将案例编写成一个完整的剧目。

选角：在做完上述两个步骤之后，根据剧本设置的角色形象，挑选适合的人参演，以保证剧目的整体效果，将剧本中想表达的充分展现出来。

排练：根据上述内容，开始实施最关键的一步——排练。在排练过程中，需注意以下内容：一是情感表达，演员根据已定角色，各自定位角色情感，使角色更加饱满；二是现场走位，在情景剧演绎的过程中，需留意观众角度的欣赏性；三是剧情连贯，通常情景剧都由多幕组成，在分幕时要考虑剧情的连贯性。

（二）比赛时

服装：在比赛正式开始之前，要准备服装，根据角色选择适合的服装，为表演增添更多的色彩。

道具：为了让表演更具观赏性，要准备表演中所需要的道具，使表演更具吸引力。

背景PPT：根据不同场景转换，背景图片和音乐也需要更换，使表演更具感染力、渲染现场气氛。

彩排：在上述所需品都准备好后，还要进行多次的彩排、走场，以便熟悉场地和耳麦、话筒的传递交接等。

表演：在正式表演时，要沉着冷静地展现作品，拿出最好的状态、尽最大的努力将作品展现给评委老师和观众。

（三）比赛后

赛后需要对比赛进行总结、推广以及为下一届比赛预热和提供经验。

收集材料：在参赛过程中所使用的剧本等材料，需留一份交予主办方便于备案。

整理物资：参赛过程中所使用的服装、道具需收好，如果是租借的应及时归还；比赛过程中所使用的话筒、耳麦需交予主办方负责保管物资的人。

撰写新闻稿：赛后还需撰写新闻稿，讲述整个参赛过程以及在比赛中获得的经验教训等。

网络推送：可以将新闻稿通过院校公众号推送，让更多的人知道这个比赛，吸引更多的人参与此类比赛。

四、赛事能力要求

（一）知识储备

该比赛通过喜闻乐见的方式将知识传授给观众，因此在参赛前，要求参赛者熟知领事工作和侨务工作的相关内容。具体储备知识的方式有以下几种。

1. 课堂积累：通过学校开设的《领事与侨务》《中国当代外交》《外交学概论》等课程，积累相关知识。

2. 书籍查阅：涉及此类知识的书籍，具体书籍在本节第二点"调研能力"中有提到。

3. 官方文件：《维也纳领事关系公约》《维也纳外交关系公约》《中国领事保护指南》。

（二）调研能力

首先，要明确调研的目的，然后制订调研方案，内容包括：案例的调研、往届参赛情况的调研、其他参赛者案例类型的调研、往年比赛案例满意度的调研等，方式可以采用查询往届比赛公众号推文、询问相关负责人、咨询老师和往届参赛选手等。

其次，可以通过相关书籍、网络、领事直通车公众号以及新闻报道等多方面进行查找和收集资料。

1. 书籍

《祖国在你身后》编委会：《祖国在你身后——中国海外领事保护案件实录》，江苏人民出版社，2016年。

《外交官在行动》编委会：《外交官在行动——我亲历的中国公民海外救助》，

江苏人民出版社，2015年。

张兵、梁宝山主编：《紧急护侨：中国外交官领事保护纪实》，新华出版社，2010年。

康矛召著：《外交官回忆录》，中央文献出版社，2000年。

2. 网站

中华人民共和国外交部：http://www.fmprc.gov.cn/

中国领事服务网：http://cs.mfa.gov.cn/

国务院侨务办公室：http://www.gqb.gov.cn/

中国侨网：http://www.chinaqw.com/

人民日报图文数据库：http://data.people.com.cn/rmrb/20190708/1?code=2

中国知网：http://www.cnki.net/

领事直通车微信公众号

3. 纪录片

《中国外交官纪实》

《利比亚撤侨行动——紧急起飞》

《祖国的拥抱——中国海军也门撤离中外公民纪实》

电影：《战狼2》

（三）写作能力

在情景剧大赛中，编剧不但要有调研能力和足够的知识储备，还要对剧本创作有一定的了解。在此类比赛中，编剧应该对情景剧和舞台剧的特性有所了解；此外，还应该具备普通人不具备的观察生活、提炼生活本质，然后加以艺术化的能力。真实地反映客观世界和现实生活，是一切文艺创作的生命，要求贴近生活，不容许虚假。塑造鲜明、生动的人物形象是情景剧编剧最主要、最根本的任务。

（四）领导能力

1. 清晰的口头表达和良好的文字表达能力

导演的想法需要借助表演才能实现。清晰的表达能力要求说话的人思维清晰，表达的意思逻辑比较严密，说话的语速不能太快，口音不能太重。文字表达能力也要很强，因为导演需要做大量的案头工作。排练前要分场景，写作导演阐述，拍摄完成后要写导演总结。

2. 良好的心理承受能力

在排练的过程中，团队合作、演员情绪等都可能对排练进度和效果产生巨大影响。这个时候导演作为团队的领导者，既要抓时间赶进度，又要安抚演员的情绪，努力使团队更具凝聚力。这些压力都要求导演应具备好的心理承受能力，以完成工作。

3. 独立判断的能力

导演工作是一项艺术创作，艺术创作需要展示个人智慧，因此，导演的独立判断能力就显得尤为重要。在情景剧排练的过程中，演员如何更好地通过一举一动演绎角色都需要导演具有强大的独立判断能力。

4. 细致的生活观察能力

生活是艺术的源泉，善于观察生活的人往往是热爱生活的人，对生活比较敏感的人。情景剧展现过程中任何一个小细节都是非常重要的，这就要求导演应具备敏锐细致的观察能力。

（五）表演能力

演员的任务就是塑造角色，领悟并完成导演的意图和要求，这是最基本的要求。演员将角色融入表演过程中，这种能力在不同演员之间是有差别的。

演员要让观众相信角色所经历的一切是真实的，观众能够通过演员的演绎感受到对应的信息和情绪，这就是好的表演。但更重要的是角色的内心，表演的真实性只有通过探索角色的内心才能实现。每表演一个角色，演员都必须生活在这一角色中。如果一个演员让我们觉得他只是在表演，显然他不是一个好演员。优秀演员的表演永远是自然而真诚的，正是这种贴近内心的真实感，使他们的表演总能给观众带来惊喜。

五、我校参赛历程及成绩

第一届"祖国在我身后"领事保护情景剧大赛于2017年11月10日举行。2017年正值外交部领保中心成立10周年，作为外交工作中"以人为本""顶天立地"的领保工作，备受国家、社会和公众的重视，"祖国在我身后"情景剧大赛在这样的背景下举办。本次比赛共有8个小组参加，他们分别是来自国际关系学院英语专业和外交学专业的学生。本次比赛共有三个亮点：主题新、演技高和参与度高。这是四川外国语大学首次举行领事保护主题的比赛。

参赛作品简介

◆ 《澳洲风云》：讲述的是三个中国留学生在澳大利亚受到当地不良青年的殴打及恐吓，留学生A严重受伤，她的母亲在接到她受伤的消息后，联系了中国驻澳大利亚大使馆，在大使馆的帮助下受害者母亲很快办理好证件及手续到达澳大利亚，并且帮助三个留学生向当地法院提起诉讼，保护了中国公民在海外的安全和合法利益。

◆ 《越囧》：讲述的是中国女孩蒋修悦到越南旅游，在出境时因带了违禁物品被拒；成功出国后，在回国时却被要求给小费，没给被打，路人拍下了她被打的过程并帮助她拨打了12038中国驻越南大使馆热线电话，得到大使馆及时的救助。

◆ 《英国恐怖袭击案——大使馆的温情》：讲述中国留学生洪翱拓在一次英国恐怖袭击中无辜受伤，中国驻英国大使馆及时通知她的父母，国内英国驻当地领事馆也积极配合帮助他们办理证件，及时赶往英国接回他们的女儿。

◆ 《南太不了情——精心救助落难船员》：讲述的是中国驻基里巴斯大使馆大使吴钟华帮助落难船员靳凤武回国的故事，体现了中国外交官的责任和热心。

◆ 《外交为民——奋不顾身只为你》：讲述的是中国公民在S国被反政府组织绑架，外交部召开紧急会议，并成立特别小组前往S国营救我国人员，S国反政府组织拒绝和我国外交人员谈判，我国外交人员想尽办法救回被绑人员的故事。

◆ 《紧急护侨——救助莱索托遇袭同胞》：讲述的是1997年莱索托台资工厂的老板被当地工会会头绑架并殴打致重伤，在此情况下，厂里其他台湾人员打电话求助警方解救工厂老板，但工人与前来处理问题的警方发生冲突，一名警察在混乱中开枪打死了一名工人，局势一片混乱。于是，中国同胞纷纷打电话向中国大使馆求助······

◆ 《最后一张签证》：讲述了中国驻奥地利外交官何凤山及其同事无私帮助犹太人逃亡的真事，以及1938年中国驻维也纳领事馆以普济州为首的外交官们，顶住重重压力，冒着巨大风险，为犹太难民办理签证的故事。

◆ 《祖国接你回家》：讲述的是也门撤侨中，其他国家大使馆都已经闭馆，而中国大使馆仍然坚守着，不仅给侨民提供避难场所等待国内救援，甚至动用海军进行撤侨，并帮助其他国家撤侨的故事。

首届大赛的参赛题目生动有趣，且主题鲜明。在整个比赛过程中，演员们演技高超，赢得了阵阵掌声。《澳洲风云》里的"不良少女"，《越囧》里的"围观大妈"，《祖国接你回家》的"小女孩"，《南太不了情——精心救助落难船员》的外交官"吴钟华"……同学们塑造了许多经典有趣、贴近现实的角色。比赛过程中，演员们不但台词生动，还使用英语、日语、越南语等多种语言，同时，表演中舞动的国旗和集体歌唱的国歌也引起了观众的共鸣。

第二届"祖国在我身后"领事保护情景剧大赛于2018年5月10日举行。本次比赛有来自国际关系学院英语、外交学和国际政治专业的28个小组参赛，经过初赛8个小组脱颖而出，进入决赛阶段。与第一届相比，本届比赛参赛小组明显增多，参赛人员来自更多的院系，参赛作品题材更加新颖，比赛得到学校、学院领导的大力支持和高度赞扬。

↘ 参赛作品简介

◆ 《忆往昔印尼撤侨》：通过追忆的方式讲述了60年代印尼撤侨，在当时护侨工作还不是很完善的情况下我国尽力维护侨民、保障侨民安全的故事。

◆ 《回家》：2000年6月5日，所罗门群岛突发政变，华人华侨的生命财产安全受到严重威胁。由于中国与所罗门没有建交，外交部决定向澳、新和巴新政府请求帮助，将我国侨民随同其公民撤离。被拒绝后，外交部商讨新的撤侨方案，中远公司商船"阳江号"临危受命，前往所罗门接侨。为了完成此次撤侨任务，外交部、驻巴新、澳和新使馆的外交人员们，中远公司及海桥公司的同志们在不到十天的撤侨行动中，在没有与所罗门建交的情况下，历经重重困难，顺利将我国侨胞送往祖国的怀抱。

◆ 《德黑兰的那场雪》：2018年1月27日，伊朗境内突发暴雪导致全国大部分机场临时关闭，约240名在伊转机的中国旅客滞留在德黑兰霍梅尼国际机场。国歌、口号此起彼伏，使馆获知后，立即协调相关航空公司为滞留中国旅客提供餐食及住宿，并从29日起陆续安排航班运送滞留旅客离境。截至30日下午，绝大部分滞留的中国旅客已安全离境。

◆ 《回家的诱惑》：讲述的是电信诈骗犯冒充使领馆工作人员进行犯罪的故事，这个故事给我们一个警醒：海外电信诈骗不少，我们一定要提高警惕，冷静沉着，仔细辨别。

◆ 《你的急难就是我的使命》：以香港同胞在海外意外受伤事故为原型，为大家展现了中国公民在海外遇见突发状况时，使领馆是如何帮其摆脱困境的。

◆ 《五星照我重逢》：以尼日利亚绑架案为原型，用精湛的演技为大家上演了一场严肃而又诙谐的海外公民被绑案。

◆ 《营救阿彪》：还原了英伦绑架案，讲述了中国公民受难时，中国政府尽力保障国民安全，展开营救的故事。

◆ 《以你的名字呼唤我——中国》：以也门撤侨为案例原型，中国政府紧急撤侨，回国路上却困难重重，看似风平浪静的海面上却暗藏危机。

第三届"祖国在我身后"领事保护情景剧大赛于2019年4月25日举行。本届比赛的初赛一共有21个小组参加，经过重重选拔，最后来自国际关系学院英语系、俄语系、日语系和国际商学院等院系组成的6个小组脱颖而出，进入决赛。本届比赛相比前两届，参赛选手不再限于国际关系学院内部学生，也有其他院系的学生参与，大赛得到更多的关注。

↘ 参赛作品简介

◆ 《以我守望，护你周全》：该剧贴近生活、走进校园，讲述了留学生在境外会遇到的种种困难，展现了领事馆为平安留学保驾护航的责任与担当。

◆ 《秘鲁缘，中国情》：根据1874年中秘签订《中秘友好通商行船条约》事件改编，将祖辈与孙辈两代人在秘鲁酒店的经历紧密联系，展现了不同历史时期的领事保护。

◆ 《风里雨里，祖国守护你》：以中国公民在欢乐旅行中突遇地震灾害，大使馆接到消息后倾尽全力紧急救助的故事，表现了在危难面前祖国是我们最坚强的后盾的主体。

◆ 《手提包里的"秘密"》：作为中国公民要牢记遵纪守法，做好自我保护和安全防范。

"祖国在我身后"领事保护情景大赛以通俗生动的形式，向青年朋友们讲述领事保护故事，普及领事知识，展现新时代领事保护工作的新面貌。"祖国在我身后"领事保护情景剧大赛通过观众喜闻乐见的表演形式，让观众和演员更深刻直观地感受领事保护工作，激发观众和选手们对于领事保护工作的热情，树立投身外交和领事工作、构建"人类命运共同体"的理想。

[技能强化型赛事]

外交风采季系列比赛与国际化人才培养

许哲杰[①]

摘要：外交风采季系列比赛是四川外国语大学国际关系学院组织的校级学科竞赛。该赛事由外交知识大赛、模拟新闻发言人大赛、政策性辩论赛、模拟外交谈判、外交舞会和使领馆参观计划六项组成。截至2019年，已经成功举办九届。该赛事以培养选手国际化视野，提升选手国际化能力，拓展选手国际化素质为主要目标，以真实外交外事事件为蓝本，经过学理化改造，为国际化人才培养营造一个最大程度接近外交外事实践的模拟情景。该赛事旨在将参赛、生活和学习融合在一起，以赛促学，以学赢赛，将课堂学习的知识和礼仪应用到比赛和外交外事的实践中。本文将从发展历程、比赛赛制、参赛流程、能力要求等方面为大家全面展示该项赛事，为参赛选手提供一个清晰的参赛指南，为国际化人才培养提供有益的借鉴。

关键词：外交风采季、学科竞赛能力、要求、比赛技巧

一、赛事简介

四川外国语大学外交风采季系列比赛（以下简称"外交风采季"）是四川外国语大学国际关系学院主办，国际关系学院学生会和纵横学社联合承办，由纵横学社负责赛事策划的一系列校级赛事。外交风采季系列活动对内对接课堂，作为课程教学延伸的第二课堂，对外对接全国大学生外交外事礼仪大赛（外交部主办，外交学院承办，以下简称全国外赛）和全国高校模拟外交谈判大赛（外交学

---

① 许哲杰，复旦大学国际关系与公共事务学院，此篇为作者就读于四川外国语大学时所作。

院主办）的校级大型学科竞赛。外交风采季每个比赛赛制、赛程相互独立，但是又紧密相关。各个比赛的优秀选手通过选拔，将有机会参加外交舞会和领馆访学计划。同时，每年秋季学期将选出4位年度优秀选手，在12月左右前往外交学院参加全国外赛。

（一）历史与背景

自2010年第一届外交风采季举办以来，已经成功举办八届。（在2014年之前相关赛事也有举办，但是没有形成规模）

2014年，由四川外国语大学国际关系学院纵横学社的主席团成员组织，相关骨干成员策划，在学院的大力支持下，开始将国际关系学院、学社等相关的学科竞赛和交流活动编排成一系列赛事，正式推出第五届外交风采季系列活动，主要包括外交知识大赛、外事外交政策性辩论赛、模拟外交新闻发言人大赛等活动，吸引全校学生竞相参与。

2015年，在第五届外交风采季的基础上，新增模拟外交谈判大赛、外交舞会和使领馆参观访学计划等竞赛和活动，外交风采季系列活动规模正式形成。外交风采季活动正式大规模向全校各院系学生开放，其影响不断扩大。

2016年以后，外交风采季系列活动正式定型，形成以纵横学社为主要策划，以国际关系学院学生会和纵横学社为主要承办方的运作模式。外交风采季系列活动正式成为国际关系学院品牌活动之一，并开始作为学院学生实践周的主要活动之一。

（二）宗旨和意义

"外交风采季"系列活动，立足于四川外国语大学国际关系学院秉承的"国际事务导向，语言能力并重"的培养模式和"国际视野、创新精神"的高素质涉外人才的培养目标，目的在于以全新的方式激发川外学子对外交外事的兴趣，使文明风尚、专业知识和外交素养深入人心，提升川外学子在外交外事舞台上的形象，同时也为我国未来培养更多高水准高素质的从事外交外事工作的人员。

外交风采季系列活动以"兴趣组合、专业导向、学术品位"为方向，以"知识输入、实践承载、技能输出、思想升华"为理念，专注学生实践能力的培养、专业知识的运用、综合素质的提升。在系列活动中，首先要求参赛选手具备与外交学和国际政治相关的专业知识，同时需要选手根据比赛的要求和评委的引导，灵活准确地运用这些专业知识。其次，活动中更多的是考查和培养选手在面对突发情况时的反应能力，具体包括语言表达能力、礼仪素养能力、逻辑组织能力、团队协作能力等。而上述这些能力的最终目的在于培养学生的综合能力和素质，使学生成为"站起来能说、坐下来能写、走出去能干"的高素质复合型外交外事人才。

外交风采季系列活动，立足于课堂，以外交学和国际政治专业知识为基础，同时又高于课堂，在活动中培养学生如何准确地运用知识，培养技能。以模拟外交谈判为例，外交学专业课程一般都设有外交谈判课程，但是课堂上，更多注重专业理论知识的学习，以及相关案例的分析，而缺少相关的谈判实践。所以在2015年，相关学科任课教师和学社成员合作在课堂首次开展模拟外交谈判活动，获得师生一致好评。同年，外交风采季系列活动将模拟外交谈判大赛纳入比赛议程。所以，从某种程度上，外交风采季系列活动是外交学专业课程教学的"试验田"，而外交学专业课程则是外交风采季系列活动"试金石"。外交风采季系列活动，为课堂提供了多样化教学的可能性，课堂教学又为外交风采季系列活动提供了组织的经验。

（三）比赛的构成

1. 外交外事知识大赛（每年3月底、4月初）

2. 模拟新闻发言人大赛（每年4月中旬）

3. 政策性辩论赛（每年4月底5月初）

4. 模拟外交谈判大赛（每年5月中下旬）

5. 外交舞会（每年6月初）

6. 领事馆参观与访学（时间不定）

（上述时间参考第六届活动，具体活动时间，每年都有变动。具体比赛赛制

和流程将在第二部分详细展开，这里就不做赘述）

（四）比赛模式

外交风采季系列比赛采取"知识竞赛+技能竞赛+素质活动"结合的模式。

知识竞赛主要是外交外事知识大赛。该比赛主要考查参赛选手的外交外事知识储备和掌握情况。比赛内容极为广泛，不仅涉及基础的外交和国际政治常识知识，还包含各个国家和区域的风土人情、社会文化、礼仪习俗等。通过比赛使得选手和观众（学生）能够更加系统和全面地掌握外交外事相关知识。

技能竞赛主要包括模拟新闻发言人大赛、政策性辩论赛、模拟外交谈判大赛。这三项比赛更多的是注重对参赛者外交外事技能的培养。模拟新闻发言人大赛主要考查的是选手对外交政策的掌握和理解能力，以及阐述外交政策、介绍外交立场的语言表达能力；政策性辩论赛，则侧重于选手的逻辑思维能力和临场应变能力；模拟外交谈判则是一个对选手能力要求更高的比赛，首先需要选手有团队协作的能力，确定并坚守自己的立场，其次需要充分发挥沟通和讨价还价的能力，在比赛中尽可能地为自己所代表的立场争取更多的利益，最后是商讨和游说的能力，如何能在保证利益最大化的同时，而不至于使得谈判破裂。

素质活动包括外交舞会和领事馆参观与访学活动。外交舞会和领事馆参观活动，虽然基本不存在竞赛性质，对能力的要求也并不明确，但是相对前两类活动而言，是最接近真实外交外事场景的活动，也是对参与者最全面和真实能力的考查。在外交舞会中，我们会根据正式的外交外事活动设计一些突发的外交事件，考查选手如何优雅而准确地应对危机。在领事馆参观活动中，则是为参与者提供零距离接触真实外交人员的机会，促使其将所学知识真正运用到外交外事活动当中。

这三类活动，相辅相成，从纵向逻辑上看，是逐步递进的过程，但是这三类活动在横向上，是对同一知识和技能的不同维度的训练。所以，如果有机会参与这一系列的活动就会发现，外交外事知识是那么鲜活，同样一种外交外事知识在不同的语境中有完全不同的理解和表达。

二、比赛流程与赛制

外交风采季的具体赛制会根据每年的实际情况做出微调，但是每个比赛的主体流程并没有很大变化。因为作者直接参与组织了第五届（2014）和第六届外交风采季（2015），并负责组织协调第七届外交风采季（2016），所以具体的比赛流程将按照这三届外交风采季的主体流程进行展开。

（一）比赛流程

1. 前期宣传

本次大赛拟利用多渠道、多媒体、多平台、多层次进行宣传。活动日程开始半月前进行预热宣传，活动日程开始一周前进行集中宣传，活动日程开始前三天进行定点宣传。

（1）预热宣传（吸引目标受众）

本环节宣传着重赛事自身的优越性与趣味性，旨在营造氛围，培养兴趣，塑造目标受众。

具体方法：

a. 通过国际关系学院、校内相关学生组织的微博、博客、QQ空间等，以及国际关系学院内部的年级群、班级群等发布大赛信息，并及时更新。

b. 利用上述平台，通过诙谐幽默、轻松活泼的语言对具体赛事进行系统的介绍与普及，逐步塑造目标受众，并获得关注度。

c. 建立群组，发布赛事学术文件、教程及相关资料，引导目标受众学习与了解具体赛事流程。

（2）集中宣传（塑造目标受众）

a. 继续通过国际关系学院、校内相关学生组织的微博、博客、QQ空间等及时更新信息，滚动发布大赛的筹备进程，发布比赛的报名信息。着重通过国际关系学院内部的年级群、班级群等发布比赛的报名信息，逐步锁定目标受众。

b. 进行专题专场式的宣传，介绍赛事的学术细节和组织细节。

（3）定点宣传（锁定目标受众）

该环节开始接受报名，即大赛日程正式开始的前三天到一周（一般根据实际情况进行调整）正式开启报名，线上线下同步开始接受报名。

a. 线上发布报名开始，各线下定点宣传单位也同步开始，线上为辅，线下为主。同时发布电子报名表，发布大赛专用邮箱，用于接受报名表，报名表务必按照规则填写。

b. 在锦绣广场、景观大道、太阳广场、月亮广场进行定点宣传，架设宣传材料，在宣传点领取纸质报名表，接受线下纸质报名表报名。同样，工作人员务必在旁检查，直到报名人员填写符合要求。

2. 中期进展（正式比赛）

外交风采季各个比赛基本都设置初赛、复赛、决赛三个环节。比赛全程各环节均对外公开，接受监督。

大赛组织上设置联络组（主要负责与各队队长进行联络，及时通知相关信息，接受答疑等）、运行组（主要负责比赛过程中各场比赛的具体工作，包括主席、计时等）。同时，线上各平台的宣传仍旧同步及时更新。

具体赛制将在后面详细展开。

3. 后期收尾

（1）资料整理与备案

将初赛以来各赛时段负责人上交的纸质文件资料与电子影像资料整理备案，以及决赛场的各项资料，备案保存。

（2）新闻稿撰写

根据收集好的资料，于3个工作日内完成新闻稿件的撰写。

（3）活动总结与反思

5个工作日内，工作人员先将自己对于整个活动的总结与反思发送到指定邮箱，并尽可能多地收集参赛选手的意见与建议。

（二）外交外事知识大赛赛制

1. 初赛

（1）赛程安排

初赛选用赛场制，赛程一般在3—4日，每个赛场中的前四名晋级，共16人。

（2）赛场安排

赛场一般有4—5间，一间为候场教室，其余为比赛教室；一间教室同一场次对一名选手进行考核；暂定候场教室两名工作人员，比赛教室每间两名评委。

（3）评委来源

评委来自国际关系学院以及纵横学社的外交学和国际政治等专业高年级优秀学生或者比较制度学研究生。

（4）晋级方式

根据选手客观题与主观题的表现进行评分，三日比赛内得分最高的16名选手将晋级决赛，以短信或电话通知选手。

（5）实施方案

选手进入比赛场地后，在大屏幕显示的世界地图上任选一个大洲进行选择题的作答；选择题共5道，作答时间共两分半。

作答完选择题后，选手盲选一幅漫画并对其进行分析评论；漫画评析题共一道，选手有半分钟的准备时间和两分钟的作答时间。

2. 决赛

（1）赛程安排

决赛采用小组制与积分制，16人通过抽签组成四个小组。决赛共有四轮比赛，得分最高组获胜。

（2）赛场安排

决赛一般在晚上进行，选择在图书馆、大阶梯教室等容积大的场地。

（3）评委来源

国际关系学院相关专业老师。

（4）晋级方式

决赛根据评分得出一等奖一组，二等奖一组，三等奖两组。表现优秀的个人将会作为全国外赛的重点培养对象。

（5）决赛流程

·第一轮：必答题

各组轮流进行答题，每组五分钟，根据主持人念出的题目进行作答，并可打断其进行作答；

题型为选择题与填空题；

在选手回答完毕后，主持人立即公布正确答案；

答对加10分，答错不扣分；

该轮共20分钟，结束后公布分数及排名。

·第二轮：抢答题

各组选手同时听题，在主持人念题过程中或念完题后进行抢答；题型与第一轮相同且加入英文题目；

题目难度与题目分数均具有阶梯性；

起始分数为10分，最高分为50分；

每题答对加分，答错扣分；

该轮共15道题，结束后公布分数及排名。

·第三轮：翻牌题

该轮分为四小轮共16题作答；

各组不知道其他组的底牌是什么，但知道自己的底牌，各组可以选择回答自己的问题或者其他组底牌问题；

选手会在每一轮决定是否回答自己手中的题目，倘若不回答自己手中的题目，就选择其他三个组的题目，选手也可以弃权；

该轮主动权掌握在前两轮中得分最高的一组；每一轮时间控制在5分钟内完成，四轮下来一共20分钟；

题型设置有简答题与客观题，简答题每题15分，客观题每题10分；答对加分，答错不扣分，弃权不加分也不扣分；

该轮结束后公布分数及排名。

·第四轮：视频题

四组选手在六段影视视频中各选取一段，每段视频两分钟，看完后评委老师根据视频内容对选手进行提问并打分。

例题：

1. 布尔战争是英国与布尔人为争夺哪一块殖民地而爆发的战争？＿＿[南非]

2. 第二个与新中国建交的国家是＿＿＿＿[保加利亚（1949年10月4日）]

3. 霸权主义和强权政治的社会根源是什么　[A]

A. 垄断资本主义的政治经济制度

B. 资产阶级的意识形态

C. 资产阶级的人权主义

D. 社会、经济全球化

4. "TPO"原则要求人们的穿着、化妆和佩戴首饰均应兼顾哪三点？

[地点、时间、目的]

5. 把中国列为"四大强国"之一是罗斯福1941年在华盛顿召开的（　　）上提出的战略思想？

[阿卡迪亚会议]

6. 领带夹应别在七粒扣衬衫上数的第几个纽扣之间？[A]

A. 第四与第五

B. 第二和第三

C. 第三和第四

D. 第五和第六

（三）模拟新闻发言人大赛赛制

大赛设置初赛、复赛、决赛三个环节。

1. 初赛

（1）面向范围

报名表通过的全校学生。

（2）形式

该环节为问答题，各参赛选手将从题目中随机抽选一道题，题目为一段热点时事新闻材料（内容可能会涉及外交、礼仪，也可能不涉及），对新闻进行复述并发表自己的观点，并接受评委的相关1—2个提问。

（3）具体要求

a. 选手在候场区工作人员处抽取相应的题目，各选手有2—3分钟的准备时间。（应该独立思考）

b. 进入赛场后，将自己的报名信息表与赛题交予评委，在评委确认信息无误给出答题指令后，选手有3分钟的陈述时间。（陈述时间不得超过3分钟且不得少于30秒，否则评委可酌情扣分）

c. 第一次陈述完成后，评委将根据赛题与选手的回答进行提问。提问结束后30秒，选手需进行回答。回答时间不得超过2分钟。（如未听清评委提问，在提问结束后立即请求评委重复）

（4）评委在提问环节结束后，根据选手所有表现进行打分。

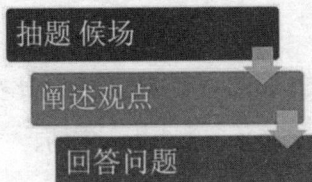

图3-1　流程图初赛

（5）评分

a. 此轮考查选手的临场发挥能力、逻辑思维能力及语言表达能力，由评委就选手陈述与回答质量对每位选手进行评分，每位评委打分满分为100分，最终取评委的平均分。

b. 如超过限定的作答和提问时间，评委应酌情扣分。

（6）晋级

根据分数排名，预赛的前18强选手将进入复赛环节。晋级选手需参加复赛的赛前培训。

2. 复赛

复赛筹备阶段，将包含两大部分内容：其一为初赛自身的不足和改进，其二为复赛的具体事项。

（1）赛程安排

初赛晋级的18人进行复赛角逐。

（2）赛场安排

见初赛赛场安排。（计时人员改为1名）

尤其强调，负责人务必做好拍照摄影以及各项资料的收集。

（3）评委来源

依据各赛场工作人员及负责人的意见，邀请初赛中涌现出来的较为优秀称职的评委担当。确保复赛有更高的学术性和专业性。

（4）晋级方式

复赛分三个环节，分别为新闻播报（2分钟）、即兴发言（3分钟）、答记者问（1分钟），具体要求见大赛规则手册。

依照排名，产生前12名进入决赛。

（5）实施方案

a. 选手在候场区根据工作人员提示进行准备，比赛顺序为选手的编号，在工作人员指引下，编号靠前的两位选手首先进入赛场。

b. 进入赛场后，在评委确认信息无误给出答题指令后，第一位选手有2分钟的时间回答固定性问答题。（陈述时间不得超过2分钟且不得少于30秒，否则评委可酌情扣分）

c. 在陈述完成后，第一位选手将选择相关题目进行选择性问答题环节的作答，选手根据大屏幕上给出的答题要求进行作答，思考时间1分钟，回答时间3分钟。

d. 回答结束后，第二位选手根据题目相关要求与第一位选手的回答进行提问（如第二位选手未在15秒内给出问题则视为弃权），提问结束后第一位选手应立即作答（无任何权利进行质疑），第一位选手有1分钟时间作答。

e. 第一位选手回答结束，其比赛到此结束。第一位选手退场，第二位选手进行比赛，第三位选手进行提问。依次类推，最后一位选手由第一位选手对其进行提问。

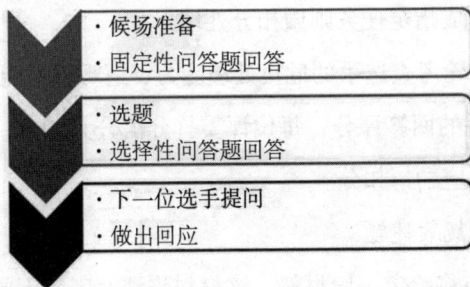

- 候场准备
- 固定性问答题回答

- 选题
- 选择性问答题回答

- 下一位选手提问
- 做出回应

图3-2 复赛流程图

（6）评分

a. 此轮考查选手的临场发挥能力、逻辑思维能力及语言表达能力，由评委就选手回答与提问质量对每位选手进行评分，每位评委打分满分为100分，最终取评委的平均分。其中固定性问答题20分，选择性问答题60分，提问20分。

b. 如超过限定的作答和提问时间，评委应酌情扣分。

（7）晋级

根据分数排名，复赛的前12强选手将进入决赛环节。晋级选手将参加决赛准备工作。

3. 决赛

（1）赛程安排

寰宇世界——客观描述题、外交风云——立场表述题（第一环节与第二环节的选手不得重复）

（2）具体流程

寰宇世界——客观描述题

a. 形式：各代表队依次从大屏幕上的题目中随机抽选一道题，题目内容不限（内容可能会涉及外交、礼仪或其他；形式是图片、关键词、视频等），由队内一名代表根据题目要求进行5分钟的主题演讲。

b. 要求：（1）各队派出一名代表根据顺序进行答题，上场表演选手的人数由参赛队自由决定。（2）选手选定赛题后有1分钟的思考时间，在提示音响起时进行演讲。（可提前开始）（3）演讲时间不得少于1分钟，不得超过5分钟。（4）若未能在规定时间内完成指定任务则做扣分处理。

c. 评分：（1）此轮考查选手的危机处理能力、逻辑思维能力及沟通交流能力，该环节由评委就选手的回答评分，每位评委打分满分为50分，最终取评委的平均分。（2）若超时评委应酌情扣分。

外交风云——立场表述题

a. 形式：该环节将给定一段材料，该材料将涉及三个不同的国际法主体，各代表队依次从大屏幕上的三个选项中进行选择，根据选项要求作答。由队内一名代表进行作答并接受评委提问，之后由下一组代表根据材料内容、代表陈述及回答评委的情况向队内其他三名代表提问，由做模拟发言的队伍决定三人中的哪一人回答问题。

b. 要求：（1）各队派出一名代表根据顺序进行答题，上场表演选手的人数由参赛队自由决定。（不得与第一环节人员重复）（2）选手选定赛题后有1分钟的思考时间，在提示音响起时进行回答，回答时间不得少于1分钟且不得超过4分钟。（3）选手回答结束后，评委立即提问，选手有15秒的思考时间，并进行1分钟的回应。（4）选手回答结束后，由下一队立即进行提问或质询，如在15秒内未提问则视为弃权，提问结束后，将由该参赛队选派一名选手作答（除台上选手），回答时间为2分钟。（5）若未能在规定时间内完成指定任务则做扣分处理。

c. 评分：（1）此轮考查选手的危机处理能力、逻辑思维能力及沟通交流能力，该环节由评委就选手的回答评分，每位评委打分满分为200分，最终取评委的平均分。（2）选手第一次回答满分100分，对评委的提问回答满分20分；对于下一队提问的回答满分50分，提问满分30分。

例题

1.问：7月18日是南非前总统曼德拉95岁寿辰，请问中方对此有何反应？

答：我们向曼德拉先生95岁寿辰表示祝贺。目前，曼德拉先生正以顽强的毅力与病魔做斗争。曼德拉先生是新南非的缔造者和享誉世界的政治家，为中南建立外交关系做出了历史性贡献。中方一直关心曼德拉先生的健康，在他95岁寿辰之际，我们衷心祝愿他能战胜疾病、早日康复。

2.问：7月19日，美国国务卿克里宣布，巴勒斯坦和以色列就恢复和谈的原则初步达成一致，如一切顺利，巴以双方代表将于下周在华盛顿复谈。中方对此有何评论？

答：中方对巴勒斯坦和以色列即将恢复和谈表示欢迎，赞赏有关各方为此做出的努力。希望双方克服困难，相向而行，争取尽早取得实质性成果。

今年以来，中方通过接待巴以领导人访华和在华举办支持巴以和平国际会议等积极劝和促谈，习近平主席提出解决巴勒斯坦问题的四点主张。中方愿继续同国际社会一道，为推动巴勒斯坦问题的全面、公正解决发挥积极和建设性作用。

（四）政策性辩论赛赛制

大赛设置初赛、复赛和决赛三个环节。比赛全程各环节均对外公开，接受监督。

1. 初赛

（1）赛程安排

初赛赛程将根据参赛队伍数量、工作人员数量、评委数量等进行灵活调整，暂定为某星期五的一天，分4个赛时段进行。

赛时段安排：

12：30—14：00为第一赛时段；

14：10—15：40为第二赛时段；

15：50—17：20为第三赛时段；

17：30—19：00为第四赛时段。

（2）比赛赛制

本次外事外交政策性辩论赛拟采用较为成熟的上海政法学院辩论协会（2007）根据台湾地区受到基本认同的几个赛制整理而成的五·四·四赛制，即申论5分钟、质询4分钟、结辩4分钟，一场比赛共计用时62分钟。

附五·四·四赛制

正方一辩申论5分钟，反方二辩质询正方一辩4分钟。

反方一辩申论5分钟，正方三辩质询反方一辩4分钟。

正方二辩申论5分钟，反方三辩质询正方二辩4分钟。

反方二辩申论5分钟，正方一辩质询反方二辩4分钟。

正方三辩申论5分钟，反方一辩质询正方三辩4分钟。

反方三遍申论5分钟，正方二辩质询反方三辩4分钟。

双方结辩各4分钟（结辩次序在赛前抽签决定）。

（3）晋级方式

初赛评分采取比分晋级制。

4个时间段，每个时间段的辩题是一样的。每个时间段各赛场中，评委所评出的队伍总评分的平均分高者为胜出队伍。同时，根据4个时间段统计出的个人分数，按照从高到低的顺序，前24人晋级复赛。如出现选手分数持平情况，则由当时所在赛场的全部评委在充分交流沟通了解选手情况后，采取一人一票表决的方法，在分数持平者中推举出较为优秀者进入复赛。每一场的胜出队伍将为胜出队伍所在的成员个人分数各加1分。

各赛场主席将本场比赛各队伍以及个人最终分数（胜出队伍成员每人应各加1分）上报该赛时段负责人，该赛时段负责人整理该赛时段排名，上交主席团。

2. 复赛

（1）赛程安排

初赛结束后，按照比赛规则晋级复赛的共计24人，8支队伍，4场比赛。同样暂定为初赛的下一星期五进行。

赛时段安排：14：00—15：30为第一赛时段；

　　　　　　　　15：40—17：10为第二赛时段。

（2）比赛赛制

见初赛赛制。

（3）评委来源

依据各赛场工作人员及赛时段负责人的意见，邀请初赛中涌现出来的较为优秀称职的评委担当，并在条件允许的情况下邀请四位老师，确保复赛有更高的学术性和专业性。

（4）晋级方式

复赛评分仍旧采用初赛的比分晋级制。

复赛后，根据24位选手的个人得分择优选取前12名进入决赛，即季军争夺赛和冠亚军争夺赛。

3. 决赛

（1）赛程安排

依据晋级规则，将有4支队伍晋级决赛

考虑到决赛的效果等客观原因，同样选取复赛结束后的下一星期五进行决赛，在星期五中午进行季军的争夺赛，晚上进行冠亚军的争夺赛。季军队伍将出席晚上的冠亚军争夺赛，并和冠亚军一并领奖。

赛时段安排：14：00—15：30为季军争夺赛

　　　　　　　19：00—21：30为冠亚军争夺赛。

（2）比赛赛制

见初赛赛制。

（3）评委来源

评委分为两个来源：其一为4名国际关系学院老师，其二为初赛、复赛中表现较为专业认真的学生评委。

（4）晋级方式

a. 季军争夺赛的晋级方式：完全按照本次大赛规则进行，产生季军。

b. 冠亚军争夺赛的晋级方式：按照大赛规则进行，胜出队伍荣获冠军，败北队伍荣获亚军。

（5）决赛流程（暂定）

a. 相关领导发表讲话（可能有1—3位领导），最后一位领导宣布外交风采季正式开始。

b. 主持人介绍外交外事政策性辩论赛，并宣布决赛开始。

c. 决赛开始，播放辩题引入资料（PPT或视频），由其中一位主持人担当辩论赛主席，维持辩论赛秩序，按照比赛规则进行决赛流程。

d. 在比赛结束后的统分时间，大赛主席宣布进行现场质询阶段，辩手团及现场观众都可以对正反双方提出质询，正反双方现场解答，由主席把握时间。

e. 质询结束后开始播放本次政策性辩论赛的全程大赛回顾（影像资料的收集来自各赛时段负责人上交资料）。

f. 公布决赛结果，包括冠亚军队伍、冠亚军争夺赛的最佳辩手，以及季军队伍，并进行颁奖和合影留念。

g. 主持人宣布外交外事政策性辩论赛正式结束，并宣布外交风采季第二个活动——外交外事知识大赛正式开启。

（6）实施方案

决赛依旧分为联络组和运行组两组人员，具体人员构成参见决赛赛场安排。

a. 联络组务必确保复赛结束后，将决赛的相关信息通知到晋级队伍。

b. 联络组在复赛结束后的第二天召开决赛的赛前会议，抽辩题，确定赛程等，并再次强调大赛规则以及决赛安排。并在赛前会议的当晚整理出赛程，公布在网络平台，吸引观众前来观赛。

c. 运行组及时与联络组进行文件与任务的交接，着手进行冠亚军争夺赛，务必保证人员的到岗负责，保证外交风采季宣传资料片、辩论赛全程回顾资料片、辩题导入资料片、辩论赛全程PPT的如期高质完成；与联络组协调好，保证评委的到场；提前布置好会场，调试好会场设备；维持好现场秩序；做好现场的影像资料收集。

d. 整个活动结束后，工作人员做好会场打扫等收尾工作。

例题

1. 中国目前应该推行房产税（正方）；中国目前不应该推行房产税（反方）。

2. 谈判是解决外交分歧的最优选择（正方）；谈判不是解决外交分歧的最优选择（反方）。

（五）模拟外交谈判大赛赛制

1. 初赛、复赛

初赛、复赛，均采用双边谈判的形式。

初赛：各位选手抽取谈判背景（包括背景文件及底线文件），给予3日的准备时间，进行初赛。

初赛采取"微型谈判+简历信息"对选手进行评分。

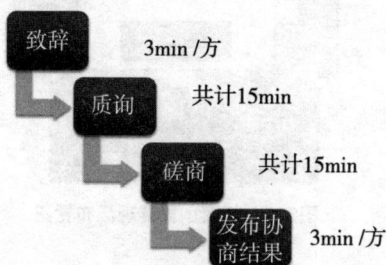

致辞　　3min/方

质询　　共计15min

磋商　　共计15min

发布协商结果　　3min/方

图3-3　初赛微型谈判流程图

复赛：初赛结束后，在1—2工作日内进行评分及公布，选择出12支优秀的队伍进行复赛，同时公布新的谈判背景（包括背景文件及底线文件），给予3日的准备时间，进行复赛。

通过初赛、复赛选拔出4支优秀的队伍进行多边谈判的终极对决，同时，选出3位虽未晋级决赛但资质优秀的谈判选手，承担决赛主席国一方的职责（此团队不参与评分）。决赛的流程按照外交谈判的正式流程进行。

由主持人介绍谈判背景，宣布正式开始。

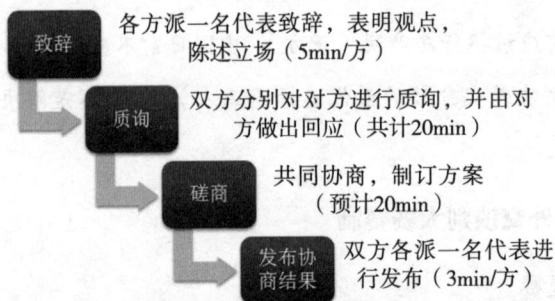

致辞 — 各方派一名代表致辞，表明观点，陈述立场（5min/方）

质询 — 双方分别对对方进行质询，并由对方做出回应（共计20min）

磋商 — 共同协商，制订方案（预计20min）

发布协商结果 — 双方各派一名代表进行发布（3min/方）

图3-4 复赛外交谈判流程图

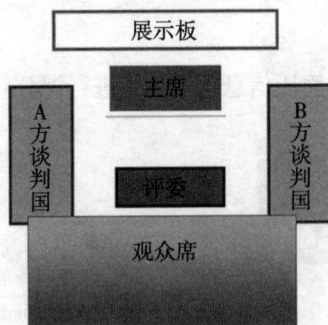

展示板

主席

A方谈判国

B方谈判国

评委

观众席

图3-5 初赛、复赛现场布置图

2. 决赛

（1）活动整体流程

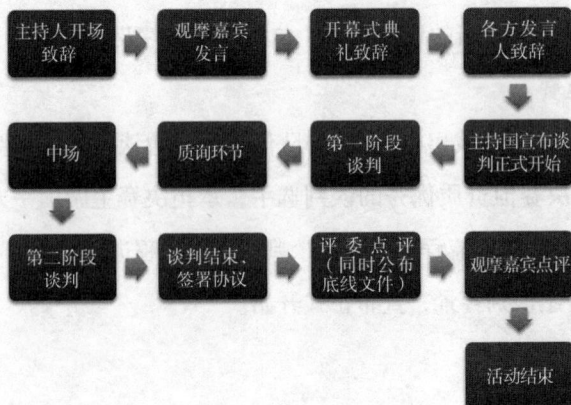

主持人开场致辞 → 观摩嘉宾发言 → 开幕式典礼致辞 → 各方发言人致辞

主持国宣布谈判正式开始 → 第一阶段谈判 → 质询环节 → 中场

第二阶段谈判 → 谈判结束，签署协议 → 评委点评（同时公布底线文件） → 观摩嘉宾点评

活动结束

图3-6 决赛整体流程图

（2）谈判流程

a. 各国代表出席，由主持国迎接谈判代表团，进行开幕式典礼致辞，对各方进行介绍。（约10分钟）

b. 在不透露底线的基础上，代表团各选举一人作为发言人介绍本国信息，阐述本国立场，赢得观众支持。（各方约5分钟，共计20分钟）

c. 由主持国宣布谈判正式开始

d. 第一阶段谈判。（时长约15分钟）

e. 质询环节。各方针对第一阶段的谈判，可以向任何一个国家提出质询，要求对方解答疑问。（时长约20分钟）

f. 中场休息。（时长约10分钟）

此环节，选手可适当休息，可在舞台上随意走动进行非正式磋商。为了营造更好的观看效果，此环节依旧是向观众公开的。在此环节中，可能会出现中场危机（根据谈判背景及现场运行决定），需要选手采取恰当的解决方案。

g. 第二阶段谈判。（时长约10分钟）

h. 谈判结束，双方代表团签署协议（协议直接用双方记录者的文稿作为文本）。

i. 由评委老师对选手的表现以及整个模拟外交谈判流程进行点评，同时，评委老师将公布底线文件。并评出最佳谈判团队一组（一等奖），优秀谈判团队两组（二等奖、三等奖），最佳谈判选手一位，优秀谈判选手两位，最佳风采奖一名。

（3）评委来源

a. 初赛、复赛：国际关系学院老师、学长学姐

b. 决赛：国际关系学院老师

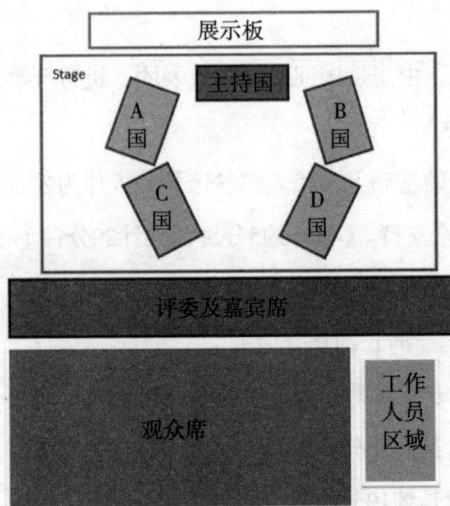

图3-7 决赛现场布置图

例题

气候谈判

谈判时间：2025年

随着人类活动强度的不断增加，气候受到强烈影响，尤其是20世纪以来工业革命的兴起使得重工业飞速发展，自然环境的压力随之增大。尽管21世纪后人类对气候的关注不断增加，环保意识不断增强，气候异常议题的谈判始终未取得令人满意的效果。尽管过去的几十年里，一些国家和非政府间的国际组织已经做出了实质性的让步，但是微小的妥协不能彻底改变整个世界气候恶化的趋势。

在过去的几十年里，全球海平面平均上升了1.1米，已经淹没了欧洲西北部的部分低地和岛屿，以及世界其他的低地；全球气温平均上升4.8摄氏度，与此同时温差也不断变大，粮食危机日渐紧逼；极端气候现象频发。

A国为发展中国家，由于自身起步较晚，尚处于工业发展阶段，人口众多，拥有劳动力充足、市场广阔等优势。B国为发达国家，幅员较小，人口较少，面临人口老龄化等社会问题。两国交好已久，第二次世界大战结束后至21世纪以来，B国一直作为A国的扶持国家，支持A国进行国家建设。

8年（2017年）前，两国签订相关协议，其主要内容为B国在A国建立20座加工工厂，A国提供原材料及劳动力的支持，生产产品C，该协议的期限为50年。经过8年发展，两国工业合作日益密切，A国现已有超过100家工厂属于B国投建，其生产加工活动多为重污染工业活动。

随着社会经济与人类活动的不断发展，环境问题日益突出，成为全球焦点，A国本身处于经济落后的状态，继续通过工业进行发展，而B国作为A国最大的工业伙伴，借助两国的地理与历史关系优势，保持与A国现有的工业合作关系，并持续开设新的工厂。

身为科技强国，B国正在研究某一新型科研制品X，用于高效处理环境保护问题，且得到国际社会的积极反响，A国希望可以借助这一技术改善自身环境问题，却遭遇B国以高价定期出售该技术的行为。

在联合国气候大会上，A国屡次作为对待环境污染极不重视的国家受到谴责，其周边国家甲乙丙等国因与其相邻，遭受污染伤害，纷纷希望A国可以在环境问题上做出改善，否则将会与A国断绝友好关系。A国逐渐意识到问题的严重性，希望在环境保护问题上，本国能够取得更多的话语权，同时也希望可以发展本国的其他优势，进行产业结构的升级转型，希望可以尽快与B国调整合作关系，但是由于与B国签订相关协议在先，且此时B国国内正在遭受严重的经济危机，在短时间内难以进行从A国的产业转移，经过多次协调始终未能得到B国同意。

日前，A国爆发了人民关于环境污染问题的大型罢工活动，国内陷入一片混乱局面，同时，因为环境问题，A国与甲乙丙国交界处均发生过不和谐现象。

国际媒体对于此次罢工行为进行大规模报道，矛头纷纷指向A国，在国际与国内的双重压力之下，A国邀请B国今日前往A国首都进行关于环境保护问题的谈判。

（六）外交舞会活动流程

1. 正式舞会选手第一次集中培训

时间：初步定为舞会开始前两周

地点：待定

负责人：纵横学社+学生会（大艺团）

选手：通过报名参与的选手

内容：召集所有报名参与正式舞会表演的选手进行第一次舞蹈培训

2. 才艺展示海选

时间：初步定为舞会开始前两周

地点：待定

负责人：纵横学社+学生会

选手：通过报名参与的选手

内容：进行个人才艺的展示，评委进行节目审核

评委：纵横学社+学生会（大艺团）

3. 礼仪培训

时间：初步定为舞会开始前一周

地点：待定

负责人：纵横学社（礼宾组）+学生会

老师：陈丽娅

参与人员：所有舞会表演者及工作人员

内容：进行外交舞会礼仪知识的相关普及

4. 正式舞会选手第二次集中培训（自由舞会舞蹈扫盲培训）

时间：初步定为舞会开始前一周

地点：待定

负责人：纵横学社+学生会（大艺团）

选手：正式舞会选手+社团参与自由舞会选手

内容：正式舞会表演的选手进行第二次舞蹈培训，要求至少保证体现节目的完整性；对参与自由舞会的社团成员也集中进行一次基本的舞蹈扫盲。

5. 外交舞会联排

时间：初步定为舞会开始前三天

地点：待定

负责人：纵横学社+学生会（大艺团）

选手：正式舞会演员+情景模拟选手+才艺展示演员

内容：对舞会中所有的环节进行联排审核，并根据实际情况做出相应调整，情景模拟选手只需大概了解整体背景及相互见面即可

6. 外交舞会彩排

时间：舞会开始前三个小时

地点：舞会地点（暂定为歌乐咖啡厅）

负责人：纵横学社+学生会

内容：所有演职人员、主持人到场彩排

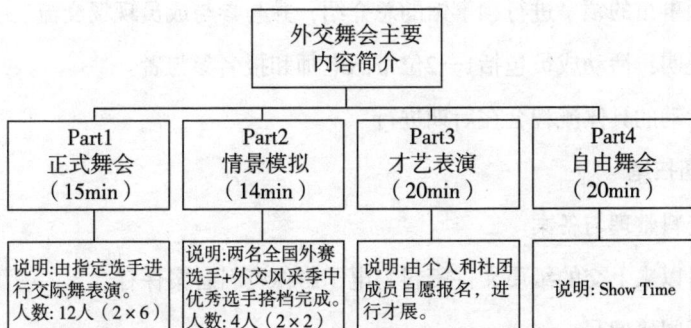

图3-8 外交舞会主要内容

```
                    外交舞会主要
                    内容简介
   ┌──────────┬──────────┬──────────┬──────────┐
  Part1       Part2       Part3       Part4
  正式舞会     情景模拟     才艺表演     自由舞会
 （15min）   （14min）   （20min）   （20min）

 说明:由指定  说明:两名全国外赛  说明:由个人  说明: Show Time
 选手进行交   选手+外交风采季中  和社团成员
 际舞表演。   优秀选手搭档完成。  自愿报名,进
 人数:12人    人数:4人（2×2）  行才展。
 （2×6）
```

图3-8 外交舞会主要内容

（七）领事馆参观与访学活动流程

1. 前期准备流程

（1）进行预约

在活动开始前14—20天，准备预约参观的材料，并及时提交进行审核。

（2）制作并发放报名表

在活动开始前14—20天，负责人制作参观成员的报名表（中英文各一份）；活动开始前14天，在外交风采季各个活动的参赛QQ群以及选手留下的邮箱，发送本次活动的报名表（中英文各一份）以及关于赛事的简单说明组成的文件包，并及时收集。

（3）审核报名表

在报名截止后，对所有的报名表进行审核与筛选，并统计审核通过名单。

（4）公示名单征集问题

将统计审核通过名单在线上公示，面向四川外国语大学全体学生。

2. 中期活动流程

（1）集中、出发前往目的地

在学校某一地点进行人员的集合，并一同出发前往目的地。

（2）领事馆参观

对于领事馆进行一定的参观、浏览。

（3）领事与参与成员面对面交流

邀请领事馆的领事进行领事馆的总介绍，并与参与成员现场交流。

特别说明：活动成员包括1—2位带队老师和报名参与者。

（4）活动的具体流程会在后期进行

3. 后期扫尾

（1）资料整理与备案

将筹备以来上交的纸质文件资料与电子影像资料备案保存。

（2）新闻稿撰写

根据收集好的资料，于3个工作日内完成新闻稿件的撰写。

（3）总结与反思

5个工作日内，工作人员对整个活动进行总结与反思。

（4）参观心得

可邀请参观的师生写心得体会。

三、参赛步骤

（一）赛前准备（能力要求）

首先，在参赛前，选手需要做的第一件事就是明确比赛的性质。外交风采季系列比赛是外交学和国际政治领域的专业性、综合性学科竞赛。参赛选手需要明确赛事的学科定位，明确自己要做的学科准备。

其次，在明确比赛性质之后，参赛选手需要做的第二件事情就是知识的积累和能力的培养。从比赛性质出发，我们可以知道，参赛选手必须具备基础的外交国政知识，以及较为全面的区域国别知识。此外，针对不同的比赛，选手准备的知识和技能是不一样的。

图3-9　赛前准备

外交知识大赛更加注重考查选手对知识掌握的广度和深度，以及复述表达知识时的完整性和准确性。该项比赛注重的是参赛选手的记忆能力和知识提取能力。在该项比赛中，对知识的考查不仅仅限于书本，更加重要的是要全面详细地了解全球各个国家最新的基本国情，以及其最基础的历史、文化、社会等知识。

模拟外交发言人注重的则是选手对相关政策立场的掌握程度，以及面对未知问题的应对能力。在模拟外交发言人的比赛中，几乎所有的比赛试题都是源于真实的外交新闻发言人答记者问，或者根据其改编。所以在这个比赛中，尽管需要灵活应对，但前提是对自己所代表国家的立场的准确掌握。需要避免的一点是，不能将回答统一为"中国新闻发言人式的标准答案"。

政策性辩论赛，首先，需要选手具备基本的辩论赛所要求的知识和技能（这里就不详细展开）。其次，需要选手对所要辩论的主题，也就是具体的政策有深入而又广泛的调研。这将有助于选手避免在辩论中失去方向。

模拟外交谈判，在我看来是外交风采季系列活动中，对选手综合能力要求最高的一个活动。首先，需要选手具备基本的调研和研究能力，以达到对赛题的充分理解；其次，需要选手具备国际法、外交学、国际政治等学科的相关知识，以更好地展开谈判；最后，需要选手具备基本的谈判能力而不使谈判陷入僵局，以及团队协作的能力，通过团队的合作分工实现本方利益的最大化。

而外交舞会和使领馆参观访学活动，则在具体能力和知识上不对选手做明确的要求。但是这两个活动却更能体现选手的综合能力和素养，因为这两个活动是最接近实际外交外事实践的活动。

表3-1　外交风采季系列比赛汇总表

比赛项目	考查重点	侧重的知识	侧重的能力
外交知识大赛	知识的广度、深度和准确度	通识知识、专业知识	记忆能力、知识提取能力
模拟新闻发言人	政策立场的把握程度	知识、政策	灵活应对
政策性辩论赛	思维和表达	因题而异	思辨、合作等
模拟外交谈判	说服和达成协议的能力	谈判	说服、沟通、合作
外交舞会	社交和礼仪	礼仪	社交
使领馆参观访问	实践与应用	综合知识	综合能力

（二）比赛过程

1. 团队组建

外交风采季系列比赛，基本上都是以团队的形式报名参加。一般可以选择自行组队，或者由主办方随机安排组队（不展开）两种组队方法。

自行组队的选手需要注意以下几个问题。

首先，参赛队伍成员构成。考虑到外交风采季系列比赛的竞赛性质，争取更好的名次是选手参与比赛的一个重要目的。所以在选择团队成员时需要考虑队伍结构的合理性。以模拟外交谈判为例，模拟外交谈判的参赛队伍一般在三人左右。那么这三人需要有不同的侧重：组长需要有组织协调和掌握议题的能力，要协调好组内三人的立场，以及把握好谈判时不偏离己方的立场；同时，组内还需要有一个较为强势的角色，在谈判时展现出己方坚定的立场，能够在谈判时寸土必争；但是组内也需要有一个能和对方进行沟通的角色，适时展现出本方在谈判中的"诚意"（也就是所谓的红白脸方法）。以上只是一个简单的案例，选手需要根据实际的比赛需求调整自己队伍的构成。

其次，比赛分工。主要涉及两方面。第一，比赛前的分工。在比赛前，一个参赛小组需要明确各自的工作。以政策性辩论赛为例，在比赛开始前，组长首先需要安排好组员完成以下几件事：1.尽可能全面详尽地收集有关于辩题的政策等资料和相关专家学者对其的解读。2.对于议题等两个立场进行详细充分的解剖，从正面总结己方立场，从反面思考对方立场。3.了解对方和己方成员构成，以实现最好的参赛人员排列。以上这些工作都需要在比赛前由组长和组员商议确定。第二，在比赛中，需要组员根据比赛之前商定好的工作职能划分，进行高效灵活地配合。比如，在政策性辩论赛中，如果因为紧张等原因，己方选手出现忘词情况，其他选手需要及时通过字条等方式进行提醒。在比赛中，每位选手需要记住的是，比赛是一个团队的战斗，不是一个人的英雄主义，团队成员之间应该相互帮助，而不是推卸责任。

2. 比赛流程

熟悉并应用规则。如果想要在外交风采季系列活动中取得较好的成绩，并且能够锻炼自己的能力。除了组建一支理想的团队之外，还需要保证每位成员，对比赛规则和流程有仔细全面的掌握。这样可以避免因犯规等不必要因素而影响团队的比赛进度。比如，在政策性辩论赛中，相比较一般辩论赛4V4的赛制，政策性辩论采取的是3V3赛制，这就要求选手在陈述己方观点、批驳对方观点的时候，适当调节自己的节奏。同时，政策性辩论赛还设有质询环节。根据比赛规则，被质询者只能回答问题，不能提问或反问；质询者可以随时打断对方的发言。如果对此项规则不了解，质询者可能会丧失对该环节的主导，被质询者占据大量的时间，从而打乱节奏，影响比赛结果。

应对突发状态。这一块内容是选手在参与比赛过程中最常遇到，却是最没有直接有效办法解决的。所以，首先需要将各项准备工作完成好，减少突发状态的发生。其次，需要制订应急预案，比如，模拟外交谈判，需要制订两套方案以应对可能出现的突发情况。这样可以避免谈判中一方突然变卦而使得谈判陷入僵局，但是需要指出的是制订的备选方案也需要满足己方的谈判底线。

关注比赛进度。外交风采季系列活动，基本上都是比赛性质的学科竞赛。所以每个活动，甚至每个环节都有时间的限制，选手需要时刻关注比赛的进度，以免因为时间安排不当影响最终的比赛结果。比如，在模拟外交发言人大赛中，模拟外交部新闻发言人答记者问环节，需要在表达正式观点之前，先说一些外交辞令，但要控制时间，不然会弄巧成拙，喧宾夺主，造成没有时间表达自己的核心观点。

避免念稿。在外交风采季系列活动中，会大量考查选手的语言表达能力。比如，政策性辩论赛、模拟外交谈判、模拟新闻发言人大赛。这些比赛，都允许选手提前准备材料，但如果不熟悉这些材料，上台念稿，就会给评委留下不好的印象。同时，在仪态上也不是一个好的表现。所以选手应养成不带稿子（但可用大纲）的习惯，在便笺纸上记录重点以做提示，展示自己的自信和从容。

注意仪容仪态。外交风采季，除了上述提到的对选手知识和能力的考查之外，最为重要的是对选手礼仪与仪态的考查。所以选手需要有意识地以一个外交官的要求参与到比赛和模拟当中。

（三）赛后安排与全国外赛

前文提到外交风采季系列活动是和全国大学生外交外事礼仪大赛相关联的活动。甚至可以说，外交风采季是全国外赛的预选赛，每年秋季学期开学之后（外交风采季一般在春季学期举行），会从本届外交风采季活动中，筛选优秀选手再经过多轮选拔，最终确定4人前往外交学院，参加全国大学生外交外事礼仪大赛。

四、赛事能力要求

对于外交风采季而言，赛事能力的要求主要可以分为三个方面：知识、技能和礼仪。大致的内容在赛前准备板块已经简单介绍过，这部分将为大家详细介绍。

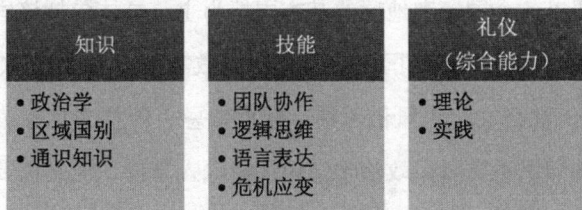

图3-10　赛事能力要求

首先就知识而言，可以简单分为三大类：一是政治学等专业学科知识；二是区域国别等专业常识性知识；三是包括历史学、文学、语言学、传播学等学科在内的通识知识。

图3-11　赛事知识要求

（一）知识

第一，政治学知识（包括外交学、国际政治学、国际关系学、政治学理论等相关知识）。这部分知识是外交风采季系列活动的知识之本，前文提到外交风采季的一个主要功能是作为外交学（包括国际关系和国际政治专业，因为我国学科设置的原因导致这三门学科教学内容基本没有差别，所以在后文如果没有特别说明就用外交学作为这三门学科的统称）课程教学的第二课堂，所以各项学科竞赛都是以外交学课程为基础拓展的，目的在于使选手能够对相关知识有全面系统地掌握，又能够有平台对这些知识进行检验。所以在外交风采季中，想要有好的比赛体验，就要求选手对相关知识有一个较为全面的掌握。对外专业学生来说，参加外交风采季则是一个较为系统了解外交学知识的有效途径。所以，政治学专业知识也是选手在比赛中的立命之本。

第二，区域国别知识（包括全球主要区域和国家的基本国情、风俗习惯等）。

这部分知识主要以各个国家和地区的基本国情为主，具体包括该国或地区基本的政治（外交政策、国家结构、国旗、国花、国徽等信息）、经济（经济政策、对外经济关系等）、社会文化（风俗习惯、饮食禁忌、传统文化等）等方方面面的知识。这部分的知识不需要像政治学知识那样深入掌握，但是需要注意知识的广度，而且要准确记忆。

第三，通识知识（历史学、文学、传播学等）。对这部分知识的考查，不像政治学专业知识那么深入，但也不像区域国别知识那样停留在知识表面。所以，选手在准备这部分知识时，需要构建一个知识体系，然后对体系进行概论性填充。就具体操作方法而言，就是对相关学科都需要有一个概论性地了解。

（二）技能

首先，需要强调的是团队协作能力。这一点前面已经较为详细地叙述过，这里就不做展开。但还要强调的是一个合理高效的团队是赢得比赛和享受比赛的前提，花再多的时间组建一支优秀的队伍都是值得的。

其次，语言表达能力。从评委的角度来看，需要避免不恰当的语言表达。第一，语言表达要有礼貌，外交风采季中礼仪是一直贯穿始终，但并不是明显表现出来的一个考查点。所以选手无论在答题还是辩论的时候，都不能忘记礼仪问题。第二，口齿一定要清晰。对于语言不过关的选手，还是要尽量改变自己的方言表达。同时，回答问题的时候，音量要适中，声音太轻会影响评委评判，声音太重又会涉及礼仪问题。第三，语言表达要准确清晰。很多选手为了向评委表达自己的博学，往往在回答问题时会加上大量与问题无关的背景知识介绍。这样一来偏题，二来如果出现知识性错误会给人一种卖弄的嫌疑。第四，语言表达要逻辑清晰，这也是下面要提到的关键。

再次，需要有清晰的逻辑思维能力（这里不涉及严格哲学意义上的概念，更多指的是条理性），主要体现在表达上。第一，内容的逻辑要清晰。比如，在政策性辩论赛中，立场、论点、论据都要有清晰准确的逻辑，任何逻辑上的漏洞都可能给对方进攻的机会。第二，表达上要有逻辑。比如，在谈判或者开始辩论时，逻辑起点不能有问题，即立场和立论不能有偏差。展开论述的时候，要有比较简洁清晰的策略，不能给评委造成理解上的困难。第三，表达结束时，需要给评委一个信号，以显示作答的完整性。

最后，需要有危机应变能力。这是一个比较难以展开的话题。危机应对就好比定性研究，更多的还是要依靠天分。但后天的训练也同样重要，建议选手可以做相关的学习和训练。在此主要总结自己一些不成熟的经验。在外交风采季中，出现危机点的地方，主要分为两类。第一类，来自出题者。比如，在外交舞会的情景模拟中，出题人往往会设计一些危机点，以考查选手对知识的掌握。应对这种危机，首先需要对知识有全面深入的了解，其次可以在平时训练时与队友多进行相关的模拟，以熟悉应对危机的方式，不至于在正式比赛时手忙脚乱。第二类，来自对手和队友。在选择队友的时候就需要谨慎。如果队友在比赛中突发状况，应尽量补救，但切忌急躁，心态要稳，有备用方案最好，如果没有也不要打乱整体计划。根据经验，应对危机的能力经过大量的训练之后，会有一定的提升，但本身的信心也是一个很重要的因素，在比赛之前做好全面的准备是信心的一个重要来源。

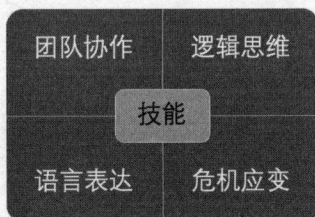

图3-12　赛事技术要求

（三）礼仪（综合技能）

选手需要具备良好的外交外事礼仪。不仅要学习外交礼仪的理论知识还要进行外交活动的礼仪实践。比赛中，选手不仅要掌握外交外事礼仪的知识，同时还能够根据实际的场景和需求，恰当规范地表现出来。而对于这方面的训练，一是要认真学习相关课程，二是要在生活细节中严格要求自己，使得礼仪成为一种生活习惯。

课程学习。一般外语类专业或者政法类专业（偏国际关系类）在本科阶段都会设置礼仪类课程。外交学、国际关系和国际政治等专业一般还设有专门的外交礼仪课程。首先，这些课程能够为参赛选手提供基本礼仪方面的知识。其次，参赛选手还可以通过网络课程或者书籍等补足相关的不足。比如，湖南大学开设的网课《现代礼仪》，但要区分商务礼仪和外交礼仪的细微差别。中国人民大学的金正昆教授是国内这方面的权威，近几年外交学院的周加李老师对礼仪的研究也很有见地，可以关注。

礼仪实践。这一块的训练大致可以分为两方面。一是课堂实践。根据笔者在四川外国语大学学习、参与书籍编写、活动组织的经验来看，陈丽娅老师的课程实践能够满足选手对礼仪最基本的实践要求。但是对一些重难点和细节的把握，就要涉及第二个方面，即实际的外事实践。就四川外国语大学而言，有很多实践的机会，比如，每年外交部会有大量的大使、领事、参赞等中高级外交官来川外讲学，这是一个非常好的机会。还有就是一些外国教授或者涉外活动都会招募志愿者，这也是一个锻炼的途径。

五、我校赛事历程及成绩

本赛事是由四川外国语大学国际关系学院主办的一个全校性活动，外交风采季系列活动历经以下数个阶段，逐步成型。

从2010年第一届外交风采季举办以来，已经成功举办八届。但2014年之前的相关赛事都是以单个比赛的形式举办，没有形成规模。2014年，由国际关系学院纵横学社的主席团成员组织，相关骨干成员策划，在学院的大力支持下，将学院与社团的相关学科竞赛和交流活动编排成一系列赛事，正式推出第五届外交风采季系列活动。2015年，在第五届外交风采季的基础上，新增模拟外交谈判大赛、外交舞会和使领馆参观访学计划等竞赛和活动，外交风采季系列活动规模正式形成。2016年以后，外交风采季系列活动正式定型，形成以纵横学社为主要策划，以国际关系学院党总学生会和纵横学社为主要承办方的运作模式。外交风采季系列活动正式成为国际关系学院品牌活动之一，并开始作为学院学生实践周的主要活动之一。

　　同时，外交风采季作为全国外交外事礼仪大赛的"预选赛"，从2013年开始，学校开始组织外交风采季的优秀选手前往北京参加全国外赛，在比赛过程中获得全国二等奖、优秀礼仪团队奖等多项荣誉。

全国大学生外交外事礼仪大赛与国际化人才培养

陈丽娅　孙　晨①

摘要：全国大学生外交外事礼仪大赛致力于开阔青年学生的眼界，弘扬外交精神，提高民族礼仪素养，向世界展示中国新风貌。在中国走向世界、和平崛起的关键时期，有志青年应不断提高自身素养，弘扬中华文化中蕴含的礼仪，努力成为礼仪文化的传承者和展现大国友好交流形象的使者。外交外事礼仪大赛是一项帮助青年认知外交、认识自我的大型赛事。本文根据参赛者的需要，对外交外事礼仪大赛的比赛流程和参赛步骤进行了详细介绍，并具体分析了对参赛者的能力要求，旨在为高校有意参赛的同学提供经验参考与指导，同时通过对外交外事礼仪大赛的积极参与，助力高校培养高素质、复合型的国际化人才。

关键词：大学生外交外事礼仪大赛、礼仪素养、国际化人才

一、赛事简介

（一）大赛简介

全国大学生外交外事礼仪大赛（以下简称全国外赛）是由外交学院搭建的推动当代大学生外交政策教育具体化的重要平台。大赛自2002年创办以来，在外交部礼宾司、中国人民外交学会、中国人民对外友好协会、中国国际公共关系协会等相关单位支持下，截至2018年，已成功举办十六届。

大赛以高度专业的评委阵容见长，驻外大使、资深外交官、礼仪界明星老师

---

① 陈丽娅，四川外国语大学国际关系学院。孙晨，中华师范大学政治与国际关系学院。

作为嘉宾评委参与活动。通过历年的发展，大赛也已享有盛名，多所大学专门组织校内赛选拔优秀选手参加，形成了专业、高端的品牌形象，在同类比赛中级别最高、专业性最强、影响力最广，深受各界欢迎。

（二）大赛组织架构

主办：外交学院

承办：共青团外交学院委员会、外交学院学生会

支持单位：

中国人民外交学会、中国人民对外友好协会、外交部礼宾司、外交部公共外交办公室、前外交官联谊会、中国国际公共关系协会

（三）大赛主题

大赛理念：面对风云变幻的国际形势，中国将构建"人类命运共同体"作为解题思路，心系全球，兼济世界，为维护世界和平承担相应的国际责任，为促进共同发展发挥大国应有的积极作用。中国青年面对多变的国际外交舞台，也需深谙礼仪之道，把握外交脉搏。

大赛目的：鼓励青年积极了解外交外事礼仪，开阔公众眼界，丰富公众外交知识，提高当代大学生礼仪素养，同时展现"礼仪之邦"在外交新局面刚柔相济的外交风貌。[1]

二、比赛赛制

笔者通过查阅第一届至第十六届全国大学生外交外事礼仪大赛赛制后发现，每届赛制都会结合实际情况做相应调整，同时随着时间的推移，赛制也逐渐稳定。

总体来看，全国外赛一般分为预赛、复赛与决赛三轮，预赛采用抽签分组，

---

[1] 外交学院官网：第十六届全国大学生外交外事礼仪大赛圆满落幕 <http://www.cfau.edu.cn/art/2018/12/7/art_2983_69555.html>

优胜者晋级复赛后再次抽签分组，最终依照总分排名晋级决赛。在2018年第十六届全国外赛中，正式决赛前新设了笔试题，笔试得分计入决赛总成绩。下面主要选用第十六届大赛赛制进行介绍。

（一）赛制总则[①]

1. 第十六届全国大学生外交外事礼仪大赛主题为"仪礼为棹，风雨同舟"，旨在普及外交外事礼仪知识、提高大学生基本素质，鼓励青年积极关注我国外交事业，丰富公众外交知识，加强民族礼仪素养，弘扬中华文明风尚，展现我国"礼仪之邦"的大国风貌。

2. 预赛参赛队根据抽签分组，于四个分会场进行比赛，赛后按总分排名，各分会场排名前三位的参赛队晋级，共十二支参赛队进入复赛；复赛参赛队再次进行抽签分组，于两个分会场进行比赛，赛后按总分排名，各分会场排名前三的参赛队伍晋级，共六支队伍进入决赛；复赛成绩仅作为决赛"博学立身"客观题环节答题顺序参考，不计入决赛成绩。

3. 每支队伍应由四位参赛选手及一位领队组成，领队可由参赛选手兼任。比赛中途，各参赛队不允许替换、增加或减少选手；决赛选手、复赛选手与预赛选手应当一致；领队如非参赛选手兼任，则不得参加比赛。

4. 预赛比赛分四个环节：选择题、描述题、模拟新闻发言、加时赛。复赛分为四个环节：描述题、模拟多方会谈、主旨演讲题、加时赛。决赛分为三个环节："博学立身"客观题、"燮和天下"模拟谈判题、"共济风雨"情景题。

5. 比赛时，选手应严格按照时间规定答题。客观题超时回答将按答错处理，主观题超时回答由评委酌情扣分。

6. 预赛比赛开始前每队都有100分的基础分，预赛的最终积分不算入后续赛事中。

7. 大赛的最终解释权归第十六届全国大学生外交外事礼仪大赛组委会所有。

---

① 赛制与样题——第十六届全国大学生外交外事礼仪大赛：大赛赛制总则。

（二）预赛赛制[①]

A. 选择题

1. 形式

本环节设置为十二组选择题，每个代表队需作答一组。每组题目包含四小题，第一小题作答完成后，大屏幕上将公布结果，之后作答第二小题并公布结果，以此类推。十二组题目的序号将在大屏幕上显示，参赛选手可选取序号数字，之后作答序号数字所对应的题组。选择题每题限时10秒，参赛选手须在规定时间内完成作答。

2. 要求

（1）主持人念完题目，并说"请作答"后，选手开始回答。

（2）答对组内一小题得5分，答对一组得20分。答题不完全或答错不加分也不扣分。

（3）本环节每队分数上限为20分，下限为零分。

B. 描述题

1. 形式

本环节设置为十二组描述题，每个代表队需作答一组。每组题目包含五小题，第一小题作答完成后，大屏幕上将公布结果，之后作答第二小题并公布结果，以此类推。十二组题目的序号将在大屏幕上显示，参赛选手可选取序号数字，之后作答序号数字所对应的题组。描述题每题限时20秒，参赛选手须在规定时间内完成作答。

2. 要求

（1）主持人念完题目，并说"请作答"后，选手开始回答。

（2）答对组内一小题得5分，答对一组得25分。答题不完全或答错不加分也不扣分。

（3）本环节每队分数上限为25分，下限为零分。

---

① 赛制与样题——第十六届全国大学生外交外事礼仪大赛：预赛赛制。

C. 模拟新闻发言

1. 形式

（1）根据抽签结果分组并决定新闻发言顺序，各组各代表队依次进行本环节新闻评述。

（2）同组的代表队各派出一名选手上台，台上选手需背对大屏幕。大屏幕上显示该组题目，题目为一段热点时事新闻材料。

（3）题目中将根据抽签得出的发言顺序依次指定选手所要代表的国家或地区。同组各代表将获得纸质版题目并同时看题，共有一分半钟看题时间，之后由工作人员统一收回材料。选手可携带纸笔上台，不可在收到纸质材料后使用电子设备，不可在台上使用电子设备。而后每位选手按顺序进行发言，对新闻进行复述并以己方立场发表自己的观点，发言时长不得超过90秒。

（4）组内所有代表发言全部结束后，按发言顺序，分别由代表队任一非新闻发言选手，根据大屏幕上显示的新闻内容，对场上任一新闻发言选手的发言进行提问。每轮每位提问的非新闻发言选手只能提一个问题，限时15秒；每轮提问的非新闻发言选手可任意选择提问身份，如第一轮作为A国报纸记者提问，第二轮作为B国电台记者提问，也可以不进行身份设定。提问环节共进行两轮，同一代表队两轮提问的非新闻发言选手可为同一人，同一代表队两轮所提问的新闻发言选手不可为同一人。

（5）进行新闻发言的代表针对每个问题有30秒的应答时间。

2. 要求

（1）依据上一轮分数，各组获得的分数作为本环节基础分。

（2）组内最后进行新闻发言的代表队最先进行提问，倒数第二支新闻发言的代表队第二个进行提问，以此类推，组内第一个进行新闻发言的代表队最后一个进行提问。

（3）在发言和回答环节中，最后5秒有倒计时提示。若提问代表队在开始计时后15秒内仍未发表观点，视为放弃提问权利，自动跳过此阶段，提问方将损失该部分评委评分。

（4）所提问题需符合事实，新闻发言需代表当事方的利益。选手应在回答时注意措辞，语言表达清楚连贯，符合涉外发言人的礼仪。

（5）评委根据选手表现依照参考评分标准表进行评分。满分为30分，最后取评委打分的平均分作为最终成绩。

D. 加时赛

1. 形式

如果出现因为分数相同导致各分会场不能恰好晋级三支队伍的情况，则相关队伍进入加时赛。

情况分为三种：（1）在分会场中得分最高且得分相同的代表队有三支以上，则得分最高的代表队进入加时赛；（2）在分会场中得分排名第二的代表队有两支以上，则得分排名第二的代表队进入加时赛；（3）在分会场中得分排名第三的代表队数量不唯一，则得分排名第三的代表队进入加时赛。

加时赛为抢答题，由主持人念题，各队自由抢答。

2. 要求

每道题只有一次抢答机会，任一队答过该题（无论回答是否正确）则该题作废。每道客观题停留时间为15秒，15秒内若无队伍作答则自动切换至下一题。进入加时赛的队伍进行抢答，答对直接晋级、答错直接淘汰，直到符合最终晋级数量要求。

（三）复赛赛制[①]

A. 描述题

1. 形式

本环节设置为十二组描述题，每支代表队需作答一组。每组题目包含五小题，第一小题作答完成后，大屏幕上将公布结果，之后作答第二小题并公布结果，以此类推。十二组题目的序号将在大屏幕上显示，参赛选手可选取序号数字，之后作答序号数字所对应的题组。描述题每题限时20秒，参赛选手须在规定

[①] 赛制与样题——第十六届全国大学生外交外事礼仪大赛：大赛赛制总则。

时间内完成作答。

2. 要求

（1）主持人念完题目，并说"请作答"后，选手开始回答。

（2）答对组内一小题得5分，答对一组得25分。答题不完全或答错不加分也不扣分。

（3）本环节每队分数上限为25分，下限为零分。

B. 模拟多方会谈

1. 形式

各参赛队将提前获得一个与国际热点问题或外交外事礼仪相关的议题材料，各队需在赛前阅读材料，并依据抽签结果分组并决定所代表国家或地区。比赛期间，各参赛队派出一名代表，在规定时间内，依据给定材料对相关议题进行讨论。

2. 要求

（1）依据上一轮分数，各组获得的分数作为本环节基础分。

（2）各队代表首先依次站在所代表国家或地区立场就给定材料发表不超过1分钟的立场陈述，随后各位代表进行时长为15分钟的讨论磋商。

（3）选手欲进行发言时，应当举起代表牌示意主席，主席将顺次安排发言顺序。选手得到主席允许后方可发言。结束前5分钟，主席将进行提示。

（4）该环节侧重考查选手的材料解读能力、团队协调能力、礼仪姿态与临场发挥及讨论中的综合能力。

（5）评委根据选手表现依照参考评分标准表进行评分。满分为30分，最后取评委打分的平均分作为最终成绩。

C. 主旨演讲题

1. 形式

各参赛队派一名代表上台，该选手将在上台前获得题目，题目为四句古今中外外交外事领域的名言。选手须对四句名言进行简要的主旨提炼，并结合四句名言，站在某一特定立场自由选择主题进行主题演讲。

2. 要求

（1）依据上一轮分数，各组获得的分数作为本环节基础分。

（2）选手上台前将获得纸质版题目，并且有两分钟半的时间阅读材料并构思自己的演讲内容。工作人员不回收纸质材料。选手可携带纸笔上台，不可在收到纸质版题目后使用电子设备，不可在台上使用电子设备。

（3）演讲限时两分钟，结束前30秒将响铃提示。演讲结束后评委可根据演讲内容向选手提问，选手限时两分钟做出回答，结束前30秒将响铃提示。

（4）本环节选手与上一环节模拟多方会谈选手不可为同一人。

（5）评委根据选手表现依照参考评分标准表进行评分。满分为30分，最后取评委打分的平均分作为最终成绩。

D. 加时赛

1. 形式

如果出现因为分数相同导致各分会场不能恰好晋级三支队伍的情况，则相关队伍进入加时赛。

情况分为三种：（1）在分会场中得分最高且得分相同的代表队有三支以上，则得分最高的代表队进入加时赛；（2）在分会场中得分排名第二的代表队有两支以上，则得分排名第二的代表队进入加时赛；（3）在分会场中得分排名第三的代表队数量不唯一，则得分排名第三的代表队进入加时赛。

加时赛为抢答题，由主持人念题，各队自由抢答。

2. 要求

每道题只有一次抢答机会，任一队答过该题（无论回答是否正确）则该题作废。每道客观题停留时间为15秒，15秒内若无队伍作答则自动切换至下一题。进入加时赛的队伍进行抢答，答对直接晋级、答错直接淘汰，直到符合最终晋级数量要求。

（四）决赛赛制①

A．"博学立身"客观题

1．形式

本环节为笔试作答，由主办方统一安排，提前进行。题目形式可能为选择题、描述题。

2．要求

（1）各代表队应听从主办方安排，于指定教室进行笔试。每支代表队将拿到一份试卷，由全队成员协作完成，可以进行适当合作与讨论。

（2）主办方负责提供本环节的纸笔，选手不允许自带纸笔，不允许使用电子设备。

（3）答题时间不得超过30分钟。

（4）满分为30分，各题目分值参见卷面。答题不完全或答错不加分也不扣分。本环节得分计入决赛总成绩。

B．"燮和天下"模拟谈判题

1．形式

晋级决赛的队伍将在决赛队伍名单公布后，获得一个与国际热点问题或外交外事礼仪相关的议题材料，各队需在赛前阅读材料，并依据抽签结果分组并决定所代表国家或地区。比赛期间，各参赛队派出一名代表，在规定时间内，依据给定材料对相关议题进行讨论。

2．要求

（1）依据上一轮分数，各组获得的分数作为本环节基础分。

（2）各队代表首先依次站在所代表国家或地区立场就给定材料发表不超过1分钟的立场陈述，随后各位代表进行时长为15分钟的讨论磋商。

（3）选手欲进行发言时，应当举起代表牌示意主席，主席将顺次安排发言顺序。选手得到主席允许后方可发言。结束前5分钟，主席将进行提示。

---

① 赛制与样题——第十六届全国大学生外交外事礼仪大赛：大赛赛制总则。

（4）该环节侧重考查选手的材料解读能力、团队协调能力、礼仪姿态与临场发挥及讨论中的综合能力。

（5）评委根据选手表现依照参考评分标准表进行评分。满分为30分，最后取评委打分的平均分作为最终成绩。

C. "共济风雨"情景题

1. 形式

全国大学生外交外事礼仪大赛情景题的设置，秉承了"全真模拟、全面考查"的原则，并与本届大赛"仪礼为棹，风雨同舟"的主题相结合。此环节将列举出6个情景，6支参赛代表队选手需要扮演其中的角色，沉着冷静进行应对。晋级决赛的队伍在决赛队伍名单公布后将进行抽签，提前获知情景题目内容，以便各参赛队能有所准备、冷静应对。

2. 要求

（1）各参赛队选手根据题目要求，可使用组委会提供的道具。

（2）上场参赛选手的人数由参赛队按照选题自由决定。

（3）情景扮演时间不得超过8分钟。若未能在规定时间内完成指定任务则做扣分处理。

（4）解决问题的途径需符合实际情况，同时考虑到所处情况下的特殊要求。

（5）此轮考查选手的危机处理能力、逻辑思维能力及沟通交流能力，该环节由评委就选手对情景的正确处理情况对每支队伍进行评分，每位评委打分满分为20分，最终取评委的平均分。

三、赛事准备与参赛步骤

（一）赛前准备

1. 知识储备

全国外赛以知识性为最主要特征之一，考查的知识面十分广泛，主要涉及外交外事礼仪、领事保护、国际关系史、国际关系理论、国际组织概况、区域与国别概况以及时事政治热点等。因此，选手在前期准备阶段要广泛阅读及查阅大量文献，并对重点知识进行强化记忆，基础知识的扎实记忆对日后大赛的客观题回答将产生至关重要的作用。

2. 赛制研读与样题

赛制与样题作为赛前主办方提供的官方文件，是参赛选手十分重要的备赛、参赛的第一手资料，参赛选手是否在赛前充分阅读并理解赛制与样题很大程度上会影响比赛的成绩。

首先，赛制包含赛事的各项规章制度，在赛前了解清楚各环节、各阶段赛制具有十分重要的意义。只有充分了解赛制，才能有针对性对待每一个环节，做到有的放矢，发挥比赛的最佳状态。与此同时，赛前了解主办方评分、晋级等赛制规则，能够在关键时刻发挥重要作用，利用赛制规则捍卫代表队利益。若在赛前对赛制有疑问或认为赛制存在漏洞，可在正式开赛前向主办方提出合理质询。

其次，全国外赛主办方将于赛前发布官方样题，这是在赛前对大赛各部分题目难易程度的最直观了解。通过对样题的逐一解读，就能对主办方出题风格、出题规律等有全方位了解，从而可以使参赛代表队仿照样题内容，通过备赛选手相互出题、交流的方式不断巩固与加强对不同题型的熟悉程度。

3. 答题技巧

根据亲身参与全国外赛的经验，笔者认为，除开赛前充分的知识储备外，答题技巧是最终能否取得好成绩的关键一环。

一方面，客观题是各类题目的基石。特别是在预赛与复赛环节，客观题的占比都超过百分之五十，可以说能否成功晋级决赛在很大程度上取决于客观题的正确率。虽说客观题更多依赖赛前充分的知识储备，但在答题环节同样需要注意答题技巧。

在全国外赛的预赛、复赛中，客观题主要分为描述题、单选题、多选题。首先，描述题应当注重时间的高效利用，不应当将时间只浪费在某一道题目上，短时间内无法答出的题目可快速进入下一题。其次，多选题应当在保证正确的前提下再进行多项选择。多选题得分规则为：选出所有正确答案得8分，少选且正确者可得5分，一旦选择错误项则为0分。因此，若存在不确定选项，宁可放弃一部分得分也应当尽量保证正确率。

另一方面，主观题是各类题目的综合。在预赛与复赛环节，主观题虽占比未超过客观题，但主观题依旧可能导致不小分差；在决赛环节，主观题几乎是决定最终成绩的唯一指标。

笔者认为，主观题应当做到以下三点：第一，注重外交外事礼仪。在回答任何主观题时都应当注重外交外事礼仪，特别是言行谈吐与穿戴举止。第二，务必沉着冷静思考。一般情况下，客观题随机性较高、思考准备时间较短，因此在回答客观题时切忌紧张冲动。第三，客观题要注重日常积累。在全国外赛中，客观题主要考查选手演讲、辩论等方面能力，因此在日常学习中应当注重理论知识的综合实践，将有所学切实转化为有所思、有所用。

（二）参赛步骤

1. 校内选拔

全国外赛通常以高校为单位组队报名，各参赛代表队一般可派出4—5名同学参赛，参赛同学多来自大学一、二、三年级学生。

多所大学专门组织校内赛选拔优秀选手参加。校内选拔赛通常可以个人名义报名参赛，赛制往往融全国外赛的预赛与复赛于一体。

2. 参赛报名

各高校结束校内选拔赛后，大赛主办方将向各受邀代表队发送专项邀请函，在全国外赛中，邀请函发出时间往往距离正式比赛时间较近。因此参赛代表队收到邀请函后应尽快确定参赛选手，完善选手信息，并在规定时间前向大赛主办方提交参赛报名表。

3. 赴京参赛

在参赛名单最终确认后，代表队要尽快确定赴京及返程时间与方式，同时也要确认参赛期间下榻酒店的相关信息。

四、赛事能力要求

（一）例题讲解

1. 选择题

（1）下列说法不正确的是 （　　）

A. 1881年的《亚琛议定书》确定在公使和代办之间，增加驻办公使一级。今天的驻办公使最早可以追溯到这个协定。

B. 根据《维也纳外交关系公约》，梵蒂冈罗马教皇派出的教廷大使列为和大使一级。

C. 领事制度源远流长，古希腊的"外国代表人制度"是领事制度的萌芽。

D. 驻同一国家的各国大使在外交礼宾礼仪的位次排序上，按他们递交国书的日期先后排序。

正确选项：A

解析：该题目主要考查领事制度及其起源、外交外事礼仪的相关知识，各选项知识点较为基础，参赛选手通过日常学习和积累不难找出正确选项。

A选项前半句描述正确，后半句所提及的"驻办公使"在今天已经不复存在。

第二次世界大战以后，任命特命全权公使一级的外交代表已越来越少，绝大多数国家都把特命全权公使升格为特命全权大使。新中国成立初期曾与北欧一些国家互派特命全权公使，后均升格为大使。相应地，"驻办公使"也不复存在。[1]

（2）下列说法中正确的是 （　　）

A. 在英国吃饭时，要将手放在双膝上，待主人宣布宴会开始，才能开始用餐。

---

[1] 中华人民共和国外交部：礼宾知识－外交代表.登录时间：2019年7月25日。
<https://www.fmprc.gov.cn/web/ziliao_674904/lbzs_674975/t9044.shtml>

B. 北欧人十分注意礼貌，挪威人、瑞典人在冒犯别人后会立即道歉，他们也十分注意交通规则，不经常闯红灯。

C. 在英国赴家宴时，客人通常要带一些白色百合、巧克力等送给女主人。

D. 一般来说，穿着和服时，右襟紧贴胸口，左襟领再盖在右襟领上。

正确选项：D

解析：该题目主要考查区域与国别礼仪的相关知识，各选项分别对不同国别礼仪进行考查，对选手有关各地区具体礼仪的掌握有较高要求。

A选项，在英国餐桌礼仪中，手放置于桌子下是一种很不礼貌的行为。

B选项，北欧人性格较为独立，同时大部分北欧人有着所谓的"社交恐惧症"，因此他们不经常道歉，同时也会经常在马路上冲跑。

C选项，在英国传统礼仪中，白色百合是十分不吉利的，因此不可以在家宴中送给女主人。

D选项，该选项正确，通常被称为"右前"。

2. 描述题

（1）以下所描述的一种外交文书的形式是　　　　　　　　　　（　　）

①通知一国发生的重大事件，如政治制度或国家领导人的变更。

②通知建交、断交或复交。

③就重大问题进行交涉，如条约的签订或修改，国际会议的召开。

④履行重要的外交礼仪，如转交国家领导人信件，表示祝贺、哀悼。

正确答案：正式照会

解析：该题主要考查了外交文书的相关知识，《外交学概论》《外交外事礼仪》等课程都涉及外交文书的相关知识。

外交文书（Diplomatic Documents）是指国家元首、政府首脑、国家及政府特使、外交代表机构及其领导人在外交实践中使用的书面文件。它体现国家的外交方针政策和有关法规，是进行对外交涉和礼仪往来的重要手段。其主要形式有国书、颂词、照会、备忘录、外交函件、外交电报、全权证书、授权证书、委托书、领事任命书、领事证书、公报、公告、条约和声明等。[①]

3. 模拟新闻发言人题

请3支队伍分别以美国、印度、中国的外交发言人身份对此事做出评论或回应，之后3支队伍进行两轮提问。

据印度媒体报道，10月21日，美国驻印度大使理查德·维尔玛（Richard Verma）前往藏南达旺地区，出席印度当局举办的活动。这是美国大使首次涉足紧邻中印实控线的达旺地区。

据《新印度快报》报道，美国驻印大使维尔玛是受到印度"阿鲁纳恰尔邦"（我国藏南地区）首席部长的邀请，出席了达旺当地的一个节庆活动。

维尔玛当天还在个人推特上发布了一张与印度"阿鲁纳恰尔邦"和阿萨姆邦首席部长的合影，背景是达旺的群山。

另据印度《阿鲁纳恰尔时报》报道，维尔玛声称自己是代表美国人民和美国总统奥巴马出席活动的，并表示美印关系始终受到高度重视，两国希望加强旅游业和科技合作。

——新闻整理自观察者网

解析：模拟新闻发言人题主要涉及近期时事政治热点话题，对选手是否关注时政热点问题，是否精研外交学、国际政治及其他相关专业知识，是否掌握外交外事礼仪技能的综合考查。特别需要注意的是，由于各选手模拟的是不同国家的新闻发言人，因此在此环节必须准确把握所代表国家的基本立场与国家利益。

4. 模拟多方会谈题

谈判题：六方会谈

2014年3月16日乌克兰克里米亚自治共和国举行全民公投决定半岛的未来地位，据初步统计结果显示，已有超过95%的公民赞成克里米亚加入俄罗斯。

北京时间3月21日晚7点30分，普京在克里姆林宫正式签署了克里米亚入俄条约。普京签字后，将完成克里米亚加入俄罗斯联邦的法律程序，条约正式生效，

---

① 钱其琛等. 世界外交大辞典:M-Z. 下册 [L]. 世界知识出版社，2005 年版，第 2053 页。

标志着克里米亚和塞瓦斯托波尔正式加入俄罗斯。克里米亚方面宣布，截至周四（20日），部署在克里米亚的72支乌克兰武装部队，其中包括乌克兰海军25艘辅助船只与6艘战舰，升起了俄罗斯国旗。发言人表示："乌克兰国防部72支部队、机构和舰艇的指挥员和首长自愿转入俄罗斯武装力量继续服役。"克里米亚国家委员会主席团21日通过决议称，共和国正式改用两种货币。

请选手简要陈述所代表谈判方（俄罗斯、乌克兰、美国、欧盟、中国、克里米亚）的立场，并与其他选手共同协商解决现存的问题。

解析：模拟多方会谈题一般设置在大赛复赛阶段，由各复赛队伍抽签决定所代表的谈判方，该题目是对包括时政热点、谈判技巧、专业知识、外交外事礼仪素养在内的综合考查。各代表要在保障本国利益的基础上，做出一定让步，尽量达成与会各方共识，切忌摆出咄咄逼人的姿态。

5. 主旨演讲题

请对四则材料进行主旨提炼，并根据这一主旨以中方外交立场发表看法。

①说话要注意两点，第一假话不说，第二真话不全说。

——季羡林

②条约是代表国际政治家信誉的钱币。

——大卫·劳合·乔治

③如果一个外交部部长拼命推销他的"和平主张"，那你可以肯定他的政府已经制订了新的扩军计划了。

——斯大林

④真者，精诚之至也，不精不诚，不能动人。

——庄周

解析：主旨演讲题是对选手包括信息解析能力、演讲口才、国际关系专业知识等在内的综合考查。特别需要注意的是，演讲材料只会在正式演讲前两分钟发放给选手，因此需要在短时间内组织好演讲语言与主旨，对选手有着较高的能力要求。

6. 情景模拟题

（1）外交舞会情景模拟

主要剧情：两名中方工作人员（两名参赛选手）受邀参加欧洲某国的舞会。出发前，两人就如何着装问题进行讨论。到达现场后，会遭遇一些突发情况。之后，两人与外宾进行交谈。

情景语言：中文

人物设定：1.两名参赛选手扮演中方人员；2.若干名工作人员扮演外宾。

情景考察：请根据情景信息派出相应数量和性别的选手参加。整个过程请自然放松，配合工作人员的暗示和引导，推进剧情发展。出现考点时，台下会有铃声提示。

解析与评分标准	
环节考点	简要剧情
环节一：知识与礼仪考查 【总分15分】 着装礼仪 考点：有外宾参加的大型舞会，着装不应随意，应正式一些。女士方面，应穿得体的晚礼服，并且搭配恰当首饰；（5分）男士方面，应穿黑色的燕尾服。（5分）同时应保持外表整洁，衣服不要有褶皱。（5分）（可准备若干服装给选手挑选）	两名中方工作人员受邀参加欧洲某国的舞会。出发前，两人就如何着装问题进行讨论
环节二：危机应变与处理 【总分20分】 突发停电导致舞会中断 考点：考验选手危机应变与处理的能力；考验选手能否沉着冷静应对这一突发危机。 【本考点无标准答案】	舞会进行中，突然遭遇停电，现场一片漆黑
环节三：主观阐述与表达 【总分25分】 中国传统社交礼仪 考点：主要考查选手对我国社交礼仪知识的掌握情况，以及如何向外宾清晰准确地介绍我国社交礼仪知识。 【本考点无标准答案】	舞会间隙，中方人员与外宾友好交谈。外宾向中方人员介绍西方舞会的历史与发展演变，并询问中国有没有类似的社交场合，以及中国传统社交礼仪与西方社交礼仪有何不同的地方

（二）综合要求

1. 国际视野，世界胸怀

参赛选手需要紧贴时代潮流与活动主题，将青年才识置于世界舞台，展现出国际交往中应有的尊重与理解。同时兼具关注国家、展望世界，怀揣以和为上"礼仪之邦"的强国之梦，拥有洞悉国际微妙关系的国际视野。

2. 身体力行，公共外交

广大参赛选手要以全国外赛为契机，通过赛前准备、同台竞技、专家指导、学术交流等形式，与全国各地有志于了解、参与国家公共外交事业并提高个人公共外交参与能力与素养的大学生进行交流和相互学习，为祖国公共外交事业的发展做出贡献。

3. 理性思考，礼仪素质

在全国外赛的比赛过程中，各参赛选手要养成"不卑不亢，以礼相待"的礼仪素养，塑造个人良好的礼仪形象。同时遇到困难时要沉着冷静思考，理性面对与解决。

4. 青年力量，外交梦想

通过参加全国外赛，彰显当代大学生对国家乃至世界发展变化的关注与参与，展现当代青年促进社会发展的作用。同时广大青年选手要积极投身新时代"大国外交"，为祖国繁荣昌盛贡献力量。

（三）具体要求

1. 储备知识、关注时政

在全国外赛的预赛、复赛及决赛中均出现客观题，这主要考查参赛选手的日常知识储备，因此要求选手在学习过程中应不仅仅拘泥于课堂学习的内容，课后更要多读书，要广泛涉猎政治学、国际关系、国际法、外交学等相关学科的理论与知识，同时，要关注时政热点问题，了解国内国际形势。

2. 分析素材、总结归纳能力

全国外赛的几种题目形式，如模拟新闻发言与模拟多方会谈均给选手提供了相关信息作为背景材料，这就涉及参赛选手对素材的理解及分析，因此，选手在日常学习中应加强对思辨能力的培养和锻炼，不断提高自身的总结归纳能力。

3. 演讲沟通、谈判磋商能力

全国外赛亦通过主旨演讲、模拟谈判等比赛形式考查选手的口头表达能力及倾听、磋商的技巧。这些环节要求参赛选手在口头语言的表达上做到：发音清晰、音量适中、语速恰当，并且要耐心倾听其他代表队选手的发言，在回应别人的问题时才能有的放矢、富有成效。

4. 团队合作、危机应变能力

全国外赛以各高校为单位组织比赛，每支参赛队伍均包含1位指导教师及4—5名参赛选手。无论在赛前还是赛中，指导教师与参赛选手都能进行积极的沟通，以应对各种突发状况，适时调整参赛策略。同时，根据赛制，在比赛过程中各代表队的参赛选手将共同合作完成客观题的回答，然后选手们依据各自所长，有的负责提供资料，有的进行模拟展示，通过相互协作，完成比赛的所有环节。因此，必然要求所有的参赛选手拥有比较良好的团队合作精神以及与他人协商的能力，才能使团队取得令人满意的成绩。

五、我校参赛历程及成绩

四川外国语大学坚持"国际导向，外语共核，多元发展"的办学特色，以"双一流"建设为引领，持续建设特色鲜明的高水平应用研究型外国语大学。其中不断提高人才培养质量是建设的核心，因此，学校除重视课堂教学的质量与效果之外，也极其关注学生第二课堂的发展。为培养学生的实践能力，学校积极鼓励与支持学生参加各种与专业相关的比赛，在比赛中检验所学知识，锻炼学生的能力，助力培养高素质、复合型的国际化人才。

2012年11月，四川外国语大学首次组队参加由外交学院主办的"全国大学生外交外事礼仪大赛"，即一鸣惊人，先后在预赛与复赛中打败中国人民大学、清华大学、北京大学等国内众多知名高校，在复赛中以小组第一的好成绩杀出重围，顺利晋级决赛，最终在决赛中以总分第二名的优异成绩夺得了全国二等奖。自此之后，四川外国语大学每年均派出代表队参加全国外赛，取得了令人瞩目的成绩。

全国外赛一般在每年的下半年举行，四川外国语大学遂以每年上半年由国际关系学院主办，面向全校学生的品牌第二课堂活动——"外交风采季"为依托，通过系列赛事选拔优秀选手作为参加全国外赛的储备人才，在接下来的几个月里，通过对储备选手不断进行培训和考核，最终确定进京参赛人选。

全国外赛的比赛形式多样，既考查学生的知识储备，也考核学生的资料分析能力、总结归纳能力、演讲沟通能力与外交外事礼仪素养。通过参加全国外赛，有助于培养周恩来总理所期待的"站稳立场、掌握政策、熟悉业务、严守纪律"的新一代青年才俊。

附：四川外国语大学"全国大学生外交外事礼仪大赛"参赛情况

参赛时间	大赛届数	指导老师	参赛选手	获奖情况
2012年11月	第十一届	谌华侨	杨路 郑丽娇 张显 宋昱谨	全国二等奖 （总分第二名）
2013年11月	第十二届	谌华侨	阳天天 吉木伊莎 熊枥天 郝楠	全国二等奖 （总分第三名）
2018年12月	第十六届	陈丽娅	阳雪 瞿新莉 何澄昊 孙晨	全国三等奖 （总分第四名）

笔者自制

全国高校模拟外交谈判大赛与国际化人才培养

陈丽娅　　侯静怡①

摘要：全国高校模拟外交谈判大赛立足于"国际视野、创新精神"的高素质、复合型的国际化人才培养目标，以组织策划的专业性、实践平台的学术性、参与范围的广泛性、学科兴趣的引导性为基础，旨在通过大赛增强全国各高校青年学子的学术和实践热情，搭建一个将专业知识运用于实践的平台——一个有深度、高层次、多元化的平台。为了促进国内各高校师生全面了解并积极参加模拟外交谈判大赛，并以参赛为契机积极推进各高校高素质、国际化人才的培养，本文根据参加模拟外交谈判大赛的实际需要，介绍了模拟外交谈判大赛的发展历程，阐述了比赛的赛制和参赛步骤，详细解析了比赛的评分体系，从而总结了赛事的能力要求。因此，本文对参赛高校及参赛选手来说具有较强的针对性和指导性。同时，本文以四川外国语大学的参赛历程为例，提出了参加模拟外交谈判比赛的可行建议，旨在为各高校提供经验参考，借助模拟外交谈判大赛促进国际化人才的素质培养。

关键词：全国高校模拟外交谈判大赛、素质培养、国际化人才

一、赛事简介

（一）大赛概况

谈判是外交工作的重要一环，主要分为三步：预谈判、框架阶段、细节阶段

---

① 陈丽娅，四川外国语大学国际关系学院。侯静怡，重庆大学人文社会科学高等研究院。

（对原则框架进行充实），后两个阶段又称"严格意义上的谈判"和"桌边谈判"。外交谈判是指国际上国家之间的政治、军事、经济、科技、文化方面的谈判，如国际贸易合作、国际文化交流、国际军事纠纷、围绕朝核问题进行的"六方会谈"、围绕中国加入"世贸组织"的多方会谈等。外交谈判程序严谨，准备充分，效果鲜明，影响较大，谈判的结果对各方都有制约性。在国际关系特别是外交政策分析中，谈判被作为一种国家体系特有的和对其生存至关重要的过程来进行研究的。

随着国际关系学科的迅速成长，近年来国内高校中，国际关系院、系、所、中心迅速增加。模拟外交谈判比赛作为一种创新型赛事，为有志于国际关系领域研究的学生提供了一个独具特色的竞争与交流平台。在比赛中，学生模拟不同国家的代表，针对某一国际问题进行谈判沟通，从谈判前研究判断各方关系、各方政治立场、舆论热点、跟踪最新国际形势，到模拟谈判时的台前措辞、表态方式，模拟外交谈判大赛为学生提供了一种深入了解国际形势、掌握国际关系研究方法的契机。

举办模拟外交谈判大赛主要有以下四个目的[①]。

1. 磨炼技巧，提升能力。培养当代大学生的语言与谈判技巧，提高自身的语言表达能力和逻辑分析能力，增强大学生群体对外交谈判这个特殊领域的了解与认识，引领青年学子加深对时事的关注。

2. 提供平台，促进交流。为广大有志于投身祖国外交事业的青年学子提供一个相互交流沟通、取长补短的平台。

3. 树立意识，锻炼思维。通过外交谈判比赛，引领大学生群体树立谈判与危机处理意识、锻炼思维，为未来的进一步深造或工作提供自我历练的机会；同时，以比赛促进交流，在交流中拓展全球视野、培养严谨务实的态度和多维度看待分析时事的能力。

4. 培养人才，创新发展。模拟外交谈判比赛以"兴趣组合、专业导向、学术

---

① 整理自《第四届全国大学生模拟外交谈判大赛规则》。

品位"为定位,以"知识输入、实践承载、技能输出、思想升华"为理念,以促进全国各大高校青年学子综合素质的进一步提升,加强实践能力的充分培养为最终目的。通过参加模拟外交谈判比赛,有利于各高校培养拥有"国际视野、创新精神"的高素质、复合型的国际化人才,从而丰富高校创新发展的内涵。

目前国内该赛事最高层级为全国赛,由外交学院主办。

(二)大赛回顾

截至2019年,全国高校模拟外交谈判大赛共举办了七届。

首届全国高校模拟外交谈判大赛于2013年在外交学院举行,共有包括清华大学、北京大学、中国政法大学和北京航空航天大学等在内的15所高校参赛。比赛为期两周,除了谈判比赛本身,更有多场讲座、论坛活动与培训。此次比赛分为三轮,即四方谈判、三方谈判以及双边谈判,涉及间谍交换和全球气候等经典议题。

第二届全国高校模拟外交谈判大赛在第一届的基础上扩大了规模,并新增了复活赛赛制,使赛程更加紧密并富竞争性。在赛题方面,大赛紧紧围绕传统题型、历史情境、当今时事三个主题进行设置,并加入了中场危机环节。

经历了同样精彩的第三届大赛后,第四届全国高校模拟外交谈判大赛进行了改革,采用了全新的赛制和流程。此后几届大赛均沿用此赛制,赛制自此固定下来。具体情况将在下一小节进行阐述。

二、比赛赛制与流程

(一)现行赛制分析

1. 比赛规则

(1)模拟外交谈判赛形式为双方或多方谈判模拟,各参赛队由三名代表组成,分别担任主谈判员、副谈判员和新闻官,作为同一方谈判代表参与模拟谈判。

（2）模拟外交谈判大赛设主席一名，评委若干，赛场工作人员若干；设一个由3—5名观众组成的舆情观察团。

（3）各参赛队在比赛开始前均在同样时间得到谈判材料，包括背景介绍（General）和己方专有材料（Secret）。各方对材料进行分析，明确己方谈判底线、诉求和立场，制定谈判策略。主席与评委将提前掌握背景介绍（General）和己方专有材料（Secret），并得到一份记录所有公开与非公开议题及各方谈判目标的各方情况汇总。舆情观察团成员将获得背景介绍（General）。

（4）全场比赛可申请最多两次自由磋商，需由一方代表在两轮谈判期间向全场提出，距第二轮谈判结束前3分钟开始不得再申请自由磋商。自由磋商申请提出后，主席将询问各代表是否支持进行自由磋商，需得到半数以上代表同意方可进行自由磋商。每次自由磋商时长3分钟，各方代表可自由离席。主席宣布自由磋商结束时，各方代表应立即回到己方座位。

（5）各方代表在发言环节之外的时间，或经半数以上代表队同意在发言环节内，可向主席询问谈判规则和流程，但不得就赛题内容进行询问。

2. 比赛流程

（1）各方代表入场，在主席引导下，各方做不长于20秒的自我介绍，之后全程进入角色模拟状态。

（2）在主席引导下，各方代表依次进行不长于1分钟的立场陈述，声明己方此次谈判的目的和立场。

（3）主席宣布第一轮谈判开始，各方代表进行时长30分钟的第一轮谈判。时间到，主席宣布第一轮谈判结束。

（4）各方代表进行时长10分钟的中场休息，其间可以自由离席磋商。

（5）中场休息完毕，主席宣布新闻发布环节开始。各方代表派出新闻官，进行联合新闻发布。各方新闻官在主席引导下依次介绍谈判进展和己方在谈判议题上的立场，对谈判中涉及的问题做出声明，时间不长于1分钟。各方一名代表（不能为新闻官）向他方和己方新闻官提一个问题，提问时间不长于10秒；被提问的新闻官做出回答，不得就问题内容反问提问代表，回答时间不长于30秒。舆情观察团成员依次向新闻官提若干问题，每次一人可向任意一方新闻官提一个问题，提问时间不长于15秒；被提问的新闻官做出回答，不得就问题内容反问提问者，回答时间不长于30秒。主席宣布新闻发布环节结束，立即开始第二轮谈判。新闻发布环节结束后，舆情观察团成员将得到各方的专有材料（Secret）。

（6）第二轮谈判时长20分钟。时间到，主席宣布第二轮谈判结束。

（7）主席按照各方情况总汇所有谈判议题，逐项询问各方代表是否达成口头或书面协议，并根据协议内容，由主席分别裁定各方在各议题上的谈判成果，并依此计算各方成果系数。各方代表可在此环节向主席提出计算上的疑问。

（8）在主席引导下，各方依次进行总结陈词，介绍己方是如何完成谈判的，内容可包括己方对谈判局面的判断、掌握和反应，创新方案的提出及获得的相应利益，运用的谈判策略、谈判技巧、私下磋商经过等，旨在展现己方对此次谈判的总体把握和具体操作有何突出之处。各方在总结陈词中无须对共同谈判成果或谈判赛进行整体评价或发表感想，不得再次对具体谈判内容或谈判成果的裁定进行讨论。

（9）主席宣布总结陈词结束，评委和舆情观察团进行评分，工作人员统计分数。同时，各方代表相互交换专有材料（Secret）进行查看。

（10）评委点评，宣布分数。主席宣布比赛结束。

（二）评分标准

（1）各代表队的最终成绩由三个得分数值计算得出，分别为评委评分、舆情观察团评分，以及成果系数。

（2）评委评分分为10个评分项目，各10分，满分100分；舆情观察团评分分为2个评分项目，各10分，满分20分。评委评分计算平均分，舆情观察团评分去掉最高、最低分计算平均分。

（3）成果系数由经最终裁定的各方谈判成果决定。对于任意一方，己方在某一议题上所有可能的成果都对应着一个加（减）成比例，罗列在各方专有材料（Secret）末尾。各方成果系数基础值为100%，在主席按照各方所达协议进行成果裁定后，各方在相关议题上取得与己方成果对应的加（减）成，累积到基础值上，最终所得百分数即为成果系数。

（4）各方在每项议题不同结果中可能获得的加（减）成比例在各方专有材料（Secret）末尾将明确标注，其具体数值由出题人统一平衡决定，数值大小受该议题对相关国家重要程度、议题达成难度、总体平衡性等因素影响。例如，A国在石油资源划分议题上的可能成果及其对应加（减）成比例为"若≥7万吨，得3%；若<7万吨，得-2%；若未达成相关协议，得-1%"，假设经过谈判，最终达成的协议规定A国分得7.5万吨石油，则A国在其成果系数上+3%；假设A国最终分得6万吨石油，则在其成果系数上-2%；假设A国未能就此议题与他国达成协议，则A国的成果系数-1%。

（5）各代表队最终成绩计算公式为：

最终成绩=（评委评分+舆情观察团评分）×成果系数

例：A国得到评委评分79分，舆情观察团评分18分，成果系数总计得105%，则A国最终评分=（79+18）×105%=101.85（分）

（三）评分样表

表4-1 模拟外交谈判舆情团评分表

模拟外交谈判舆情团评分表		签名	
场次		代表方	
评分项	项目总分	舆情团打分	备注说明
新闻发言环节	10		参照以下内容进行评分：①新闻官回答问题的质量与表现 ②该方代表提问的质量与表现
整体舆论形象	10		参照以下内容进行评分：①是否积极推动谈判进展并表现出具有良好观感的谈判姿态 ②是否保持良好的外交形象和公共印象，避免舆论上的负面影响

此表为舆情团评分表，评分项分为"新闻发言环节"与"整体舆论形象"两

个项目，各占10分。前者看重的是新闻官在回答舆情观察团的问题时是否符合规定时间，是否切题，有礼有节，即回答的质量与表现。后者则关注在整场谈判过程中，三位谈判选手（主谈判、副谈判、新闻官）的综合表现，即他们是否积极推动谈判进展并表现出具有良好观感的谈判姿态，是否保持良好的外交形象和公共印象并避免了舆论上的负面影响。舆情团在进行打分时将根据自己的观察与考量，在统一标准的前提下进行打分。

表4-2 模拟外交谈判评委评分表

评分项	项目分值	代表方				
1. 是否对己方信息和立场有准确把握	10					
2. 是否对他方立场和谈判全局有准确把握	10					
3. 是否有效表达了己方在谈判中的诉求	10					
4. 是否有效推动了谈判的进展						
5. 是否体现了优秀的谈判手段和技巧	10					
6. 是否有效回应和打击了谈判对手	10					
7. 是否提升或维护了己方的外交形象	10					
8. 是否创新性地提出了解决方案或解决分歧	10					
9. 是否体现了优秀的语言表达能力和沟通能力	10					
10.是否体现了得体的谈判礼仪	10					

此表为评委的评分表，共有10个评分要素，各占10分，包括"是否对己方信息和立场有准确把握""是否对他方立场和谈判全局有准确把握""是否有效表达了己方在谈判中的诉求"，这三点看重的是选手是否对赛前获得的背景资料进行了充分理解与调研，并在谈判过程中清晰获取他方立场，与之结合在全局谈判中充分表达己方诉求。接下来的评分标准还有"是否有效推动了谈判的进展""是否体现了优秀的谈判手段和技巧""是否有效回应和打击了谈判对手""是否提升或维护了己方的外交形象""是否创新性地提出了解决方案或解决分歧"，以上五点均围绕谈判期间谈判手的风格与技巧展开，要求选手在谈判过程中运用恰当的谈判技巧推动谈判的进程，并创新性地提出解决方案。最后两条评分标准为"是

否体现了优秀的语言表达能力和沟通能力""是否体现了得体的谈判礼仪",这关乎个人形象与礼仪,包括但不限于语言与肢体动作。

三、赛事准备

(一)了解专有名词

圆桌会议

象征意义,偶尔用一个真正的圆桌。会议主要推动者主持,在会议上所有代表团及参加会议者地位平等。

讨价还价

又称"争价",要价与反要价的周旋,是谈判的策略之一。

双方谈判

涉及两方的谈判,如中美贸易谈判。

多方谈判

涉及两方以上的谈判,牵涉到多方利益,如英国的脱欧谈判。

底线

谈判一方能够接受的最低条件,也就是谈判一方被逼退到最后一步。

第三方/非争端方

指没有直接卷入特定双边关系的某一方,可以是国家、国际组织、非政府组织或个人。

预谈判

谈判的最初始阶段,或是正式谈判前进行的谈判。

先决条件

在同意谈判前，一方要求另一方先做出的让步。

接近会谈

在调停者敦促下敌对双方之间的会谈。不是真正意义的谈判，只是信号。

妥协协议

在谈判中各方放弃一部分预期目标而达成的协议。

全权

具有签署条约的权力。通常包括一个国家对外交代表的书面授权。可以接受谈判对手检查，也可以互换。

霍曼斯法则

在谈判过程中，如果谈判条款可以被分为若干项，其中既有甲方比乙方更看重的款项，也有乙方比甲方更看重的款项，这样谈判成功的可能性更大。

过渡协定

临时的、暂时的协议。可能是通向最后协议的道路，也可能是阻碍最后协议达成的手段。

症结

在谈判中一方不能妥协或让步的问题。如果此类问题没有达成协议，谈判将会推迟到未来某个时候。

死结/僵局

谈判各方表示他们对谈判中某点内容或谈判日程上的某项条款不能达成一致。不一定会导致谈判破裂，但会导致谈判暂时停止。

秘密渠道

为了最大限度保密，目的是避免遭到反对。并不排斥职业外交官，只是要求大部分人回避。

（二）日常学习

在日常学习中，课堂上的知识十分重要，尤其是国际政治、外交学相关专业的学生。通过分析体会现实中的经典谈判案例，可以学到许多知识。比如，朝核六方会谈、板门店谈判、香港回归谈判等经典场景，最好通过视频和有描述性文字的作品揣摩学习，体会真正的外交官是如何成功化险为夷，分毫不让，又是如何适当妥协，推动各方协议的达成。

同时，在日常的学习中应该多加关注新闻要事，了解不同国家的行事风格，个别谈判赛题虽采用"化名"，但可以对照到现实，当出现这种情况，平时对该国和该情景的了解能够帮助比赛更好地进行。

除去"硬知识"外，"软知识"同样重要，如谈判语言、姿态与语速等关乎观感的要素。可以通过观看中国外交部发言人讲话、各国政要正式场合演讲等习得。平时可从看稿演讲到脱稿演讲过渡进行自我训练。

（三）赛题分析

拿到赛题后，首先通读背景，明确背景、几方谈判、参与方、诉求与底线。然后确定己方底线、最佳方案与替代方案。

在这几个步骤的完成中，最重要的是维度思考。如表4-3所示：

表4-3　维度思考表

维度	本国	谈判方B	谈判方C
历史	强/弱		
经济			
政治			
文化			
军事			

由此可以一目了然地看出本国在不同维度下与其他方力量强弱对比，由此可知谈判过程中如何平衡各方利益与诉求，紧守底线。

同时，此表可以在比赛过程中继续使用，由于事先无法得知别国的利益诉求，他方的开场陈述是我们获取信息的最快途径，我们可以重新绘制一个利益诉求表。如表4-4所示：

表4-4 利益诉求表

利益点	本国	谈判方B	谈判方C
利益1	（底线与方案）	（猜测底线与方案）	（猜测底线与方案）
利益2			
利益3			

由于各国所争取的利益均与经济、军事等密切相关，通过对比利益诉求与实力强弱可以快速发现本国谈判的突破口，以及平衡和妥协点。在听取别国的发言时迅速将其透露的信息记在表格里，清晰明了。如此在交涉过程中才可以清晰表达己方诉求，并在了解他方诉求的基础上准确提出互惠条件，达到自身谈判目的。

除此之外，图表能够更直观地展现谈判进程。不管是几方谈判，诉求都是相互且交叉的，运用箭头帮助我们更清晰了解国家诉求。箭头的方向非固定，在其旁写下各方提出的诉求和承诺，谈判的关系也就一目了然了。每达成一项共识便在诉求的关系链条上打"√"，掌握谈判进程。

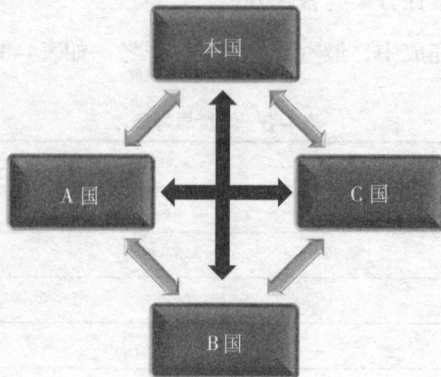

图4-1 多方谈判诉求关系图

四、赛事能力要求

（一）从赛制变化分析赛事重点

在新的规则中，最令人瞩目的变化便是新加入的新闻发布环节，包括新闻官和舆情观察团在内的互动与评价体系，不仅使比赛更具观赏性，同时也提高了比赛的多维选择与判定标准。强化角色扮演和立场把握并纳入最终评分，增进了谈判代表对他方立场的理解，提高了谈判效率。同时通过新增开局陈词和结束总结陈词环节规范流程，给予谈判代表总结思路、自我反思、增强评委理解和代表自我提高的机会。

在成绩组成上，现行模拟外交谈判大赛的新规则更为多元化，加入了成果系数与大众评审，改变了以往单一的评委主观评分即为最终评分的状况，使整体分数构成更加科学、公平。

规则上的变化意味着评分标准与侧重点的转变，提醒参赛选手应注意着重培养及提高以下几种能力。

（1）随机应变能力。新闻发布环节考查的是选手对议题的理解和把握程度，在掌握谈判背景、己方立场与底线、他方态度的基础上，更要懂得随机应变，运用已有线索和材料最大程度体现己方诉求，据理力争，体现一个外交官应有的风范，并为自己国家争取最大限度的利益。

（2）仪态与台风。评分细则中加入了场外"观战"人员因素，在前半场不了解各方底线的情况下，舆情团打分的标准多立足于第一印象。为此，一个不卑不亢、有理有节的优秀外交官形象尤为重要。在陈述己方立场时不应操之过急，更不能出现不雅词汇与人身攻击。若是多方会谈，可以适当摆出"东道主"的姿态（即使本国不是谈判场地），在述说完自己的想法、态度后稍微提醒发言较少的国家阐述该国意见。

（3）逻辑链条完整。加入成果系数后，很多选手可能会过多关注达成目的以获取最大利益，但显然谈判是一个试探与互相让步的过程，假如一味强硬，可能会遇上同样强硬的对手，导致谈判陷入僵局，两败俱伤。又或者为了取得某利益不惜牺牲另一更大的利益，导致己方分数过低。为此选手需要拥有良好的逻辑计算能力，明确哪一个利益可以适当让步甚至放弃，而哪一个利益必须坚守。特别应避免仅为达成协议而出现"断崖式的让步"。

（4）创新能力。选手可以在背景文件的基础上开阔思维，跳出局限，提出创新性的解决方案，而不是只囿于传统方法和背景中提到的待解决问题。需要注意的是创新也要立足现实，不可夸夸其谈。

（二）常用技巧与策略

意大利香肠策略

当达到可接受目时，谈判者并不满足，而是一而再、再而三地要求对方做小的让步，从很长很长的香肠上一片一片切下来，最大限度满足国家利益。

试探气球/放风筝

在谈判中一方提出某种观点来测试对方的态度。故意透露出极端想法，以试探对方反应。如果没有遭到特别强烈的反对，就认为对方可能接受类似提议，会在谈判桌上正式提出。

联系

在两个或多个不相关事务上同时进行谈判，以一个条约的让步换取满足另一个条约的条件。

一揽子交易（Package Deal）

通过对一系列问题互相做出让步而达成的协议。

渐进式外交

用于敌对方谈判，解决最敏感问题前，需要一种方法在相对缓和的问题上达成协议。

拖延政策

指谈判一方希望将来的环境能将对手置于更弱的位置而拖延谈判，导致双方放弃该问题或该问题在未来政治中自然消失。

"苏联式"谈判策略

"苏联"是一个历史的代名词，但在一段时间内，苏联人无论是在国际关系还是在商贸交往中的谈判都给人们留下了深刻的印象。在谈判中，苏联人总是固执地坚持他们的立场和维护他们的利益，很少考虑别人的需求，也不顾及别人的感受，甚至对双方的关系也不加以考虑。总而言之，他们不顾一切就是为了实现自己的利益。在谈判过程中，苏联人在行为上会无缘无故地把文件往旁边一扔；在态度方面，蛮横无理，一味地发火；在语言上，经常威胁对方，迫使对方接受自己的条件，被称为"地道的霸权主义行径"。

此种在谈判中过于强硬、固执，态度野蛮的方法，被称为"苏联式"谈判策略。这种策略在谈判双方实力对比明显强于对方的情况下可以一试，但如果在双方实力均衡或弱于对方的情况下，可能就行不通了，而且容易给双方的关系蒙上一层阴影。

（三）心态能力

外交方面的比赛真的是"人"的外交，各项参数微妙而易变。就模拟外交谈判大赛来说，是综合了许多能力的比赛，但也因观赏性、规定时间的局限而使其在某种程度上不太现实。同时，一个国家被量化的利益标准和现实世界中实力对比、地缘政治甚至战争爆发可能性等的难以模拟，甚至包括领导人个人风格的不同，很难将最终达成成果与真正实力挂钩。

在赛题设置上，难免出现敌强我弱的情况，比如，对方在各方面均强于己方，己方唯一能与之抗衡的是军事能力，但成果系数中无与军事挂钩的利益诉求。当材料将己方置于如此不利地位，军事实力无法在利益相关问题上得以体现时，示弱妥协会是"丧权辱国"，示强可能会被评委视为"盛气凌人"，或被舆情团认为没有推动谈判进程。

在此时，心态十分关键。谈判代表必须考虑背负一个国家任务时到底是达成协议重要，还是坚守国家利益和底线、解决问题重要。而一个国家的立场是无法用一个固定的公式进行评价的。因此，谈判代表应调整心态，根据对方的态度随机应变，并尽可能向评委、观众展现己方解决问题的决心，这是最好、最保险的选择。

五、我校参赛历程及成绩

四川外国语大学秉持"国际事务导向、语言能力并重"的学生培养模式，素来重视学生实践能力的训练和培养，积极鼓励和支持学生参加国内外各种大型赛事，在比赛中磨炼学生的意志，提高学生的综合素质。为了在每年一次的全国高校模拟外交谈判大赛中取得好成绩，学校主要依托国际关系学院的师资，提前半年通过校内赛选拔优秀选手，并委派指导教师对参赛选手进行有针对性的培训。同时每次参赛后均及时总结经验，并把模拟外交谈判大赛的一些知识和技能在相关课程中体现出来，课堂教学与参赛实践相互促进，进一步深化学校对国际化人才的素质培养。

四川外国语大学自参加第三届全国高校模拟外交谈判大赛以来，每年均通过校内赛选拔的形式组成一支队伍赴京参赛，在第四届大赛中一名选手获得"最佳谈判手"称号。

2019年，四川外国语大学国际关系学院的四名同学参加了第五届西北地区高校模拟外交谈判大赛，在为期三天的比赛中与来自西北各地16所高校60余名选手的角逐中脱颖而出，以总分第四名的成绩获得"优秀谈判队"奖项。

同时，四川外国语大学国际关系学院于2019年11月举办"第一届西部地区高校模拟外交谈判大赛"。

［综合提升型赛事］

模拟联合国大会与国际化人才能力建设

席桂桂 李嵩琪[①]

摘要：模拟联合国活动以结合国际大背景、立足国内、放眼世界的模式为我国青年提供了拓宽国际视野和培养全球战略眼光的平台。在培养国际化人才的新形势下，如何引导青年更好地通过参与模拟联合国活动成长为复合型、高素质、外向型、国际化的才俊是值得探讨的问题。为了促进国内师生全面了解并积极参与模拟联合国活动，本文依据参与模拟联合国活动的实际需要，阐明了模拟联合国活动的发展和参与规则，围绕参会的学术准备、综合素质要求和具体参会技巧等，提供了实用性的参会指南。同时以四川外国语大学模拟联合国协会为例，提出开展模拟联合国活动的可行建议，旨在为广大模拟联合国活动的参与者和高校提供经验参考，借助模拟联合国活动深化对国际化人才的能力培养。

关键词：模拟联合国、复合型国际人才、综合素质与能力

联合国是当今世界最重要的国际组织，在维护世界和平、促进共同发展方面发挥了巨大的作用。其在国际事务中的作用不仅无可替代，且在可预见的未来也仍将发挥重要的作用。模拟联合国活动（简称"模联"）为青年提供了一个了解世界，开阔视野，提升能力的舞台，于个人的成长和国家的发展都大有裨益。

模拟联合国活动是模仿联合国及其相关的组织机构，并由青年学生扮演各国外交官围绕国际热点问题参与其中。作为一项风靡全球的学生活动，青年代表们在此"联合国"的舞台上可充分发挥才能。与会代表需在活动中遵循大会规则，

---

① 席桂桂，四川外国语大学国际关系学院。李嵩琪，爱丁堡大学哲学、心理学和语言科学学院。

在主席团的引导下就议题展开探讨，经过会上辩论、提交工作文件和草案以及投票等程序，运用调查研究、对外交往、游说辩论、谈判技巧、组织协调等方面的综合能力，以外交官的身份进行博弈，达到立足国家利益和促进国际交流与合作的目的。

一、模拟联合国大会的发展历程及奖项设置

模拟联合国活动最初源于哈佛大学，自20世纪90年代末传入中国后便发展迅速，在国内各大高校中得到广泛开展。其发展呈现出以提倡去功利化，以学生兴趣进行自主创设、拓展交流空间并开阔国际视野，以提升综合能力与促进素质教育为主要动力等诸多特点。中国联合国协会是国内模联活动最具有贡献的倡导者和组织者，自2001年起，在该协会的大力推动下，中国高校的模拟联合国活动在全国范围内得以快速推广。

（一）模拟联合国大会的发展历程

全球最为知名的模拟联合国大会有四项，包括美国历史最悠久、规模最大、影响最深远的哈佛全美模拟联合国大会（Harvard National Model United Nations Conference），耶鲁大学模拟联合国大会（Yale Model United Nations Conference），由荷兰皇室支持的海牙国际模拟联合国大会（The Hague International Model United Nations），以及由世界联合国协会（WFUNA）举办的世界联合会国际模拟联合国大会（International Model United Nations）。

其中世界联合国国际模拟联合国大会是世界上唯一能在纽约联合国总部联合国大会会场举办的大会，包括举行开闭幕式以及其他集体活动。[1]该会有着无可匹敌的优势，即提供真实的联合国舞台，供模联学子体验、模拟外交官的角色。另外，大会议题选自联合国的真实议程，议事规则也仿照联合国的真实会议流程和

---

[1] 北京蔚蓝国际教育科技有限公司，蔚蓝国际，《联合国协会世界联合会国际模拟联合国大会简介》，http://www.welandedu.com/pages/overseas/bmA.html，2019-06-19

决策流程，让代表们切身感受最真实的联合国会议。

模拟联合国活动进入中国后，在全国各地如雨后春笋般发展，众多高校学子积极响应并参与其中。其中大学生模拟联合国大会主要有三大盛会，一是由中国联合国协会主办的中国模拟联合国大会（China National Model United Nations），二是由外交学院主办的北京国际模拟联合国大会（Beijing International Model United Nations），三是由北京大学模拟联合国协会主办的亚洲国际模拟联合国大会（Asian International Model United Nations）。此外，北京外国语大学、上海外国语大学的校会也因其高水准，吸引了海内外众多优秀大学生参与其中。同时，一些跨地区优质的会议也因各具特色赢得高校模联学生的青睐，如由厦门大学主办的海峡两岸模拟联合国大会（Cross-Strait Model United Nations Conference），由浙江大学主办的泛长三角地区模拟联合国大会（Pan-Yangtze River Delta Model United Nations Conference, PYDMUN），由西北工业大学举办的西北地区模拟联合国大会（China's Northwest Region Model United Nations Conference），由国防科技大学举办的模拟联合国大会暨全军院校邀请赛（The UNDT& MUN Military Academies Model United Nations Conference），以及由四川外国语大学举办的西南高校模拟联合国大会（Southwest Intercollegiate Model United Nations Conference）等。时至今日，全国各大高校纷纷建立了自己的模拟联合国协会并且不断推动模拟联合国活动的发展，参与国内外多项模拟联合国活动，以蓬勃的势头带领中国高校学子走向世界。

（二）模拟联合国活动的奖项设置

为了表彰在某领域有特殊贡献的组织和人士，联合国会为其颁发奖项。因此模拟联合国活动为了鼓励青年积极参与，会略有不同地依照会议类型并针对参会代表设立各类奖项。常见的奖项主要分为个人奖项和团体奖项，其中个人奖项常见于有设置单个代表参会的会议。

个人奖项主要包括：

最佳代表（Best Delegate）

杰出代表（Outstanding Delegate）

荣誉提名（Honorable Mention）

最佳角色扮演奖（Best Role Play）

最具潜力奖（Best Potential）

最佳风采奖（Best Speaker）

最佳立场文件（Best Position Paper）

团体奖项主要包括：

最佳组织奖（Best Organizing Award）

最佳代表团（Best Delegation）

杰出代表团（Outstanding Delegation）

模拟联合国大会的奖项设置主要在于激起大学生的参与意识，在奖项设置方面强调非竞争性，同时，模联大会组委会也会根据学生参与情况，选择性设立其他奖项，如最佳沟通奖（Best Communication）、最佳斡旋奖（Best Mediation Award）等。

二、模拟联合国大会的会议流程

模拟联合国大会是对联合国相关会议的模拟，形神兼备是模联会议的重要特色。模拟联合国会议的参与者需要熟练掌握议事规则和语言，依照规则并规范使用外交用语和联合国行话（the UN Jargon）。与会者会被分配和扮演某个国家的代表，优秀的模联代表需要设身处地、积极务实地运用外交技巧，对实质问题进行磋商，展现切合该国现实的外交风度，立足本国国家利益以履行职责、完成使命。

（一）模拟联合国会议规则流程和规则使用

议事规则是联合国会议的"规矩"，与会者对其的熟悉了解是促使会议有序进行的前提。现今的大多数模拟联合国活动都会采用常规议事规则，即在《罗伯特议事规则》（*Robert's Rules of Order*）基础上进行改进。作为世界上最为通行的议事规则，《罗伯特议事规则》在模拟联合国活动的不同委员会中都有一定程度的采纳与实施。该规则秉承平等自由的精神，以"平衡"为核心能力，采用多数原则与辩论原则实现对领袖权力的制约与对集体意志自由的维护。除常规美式规则以外，模联活动也有欧洲规则，但由于目前国内外普遍采用美式规则，所以本章节将重点介绍美式规则的流程。

模拟联合国规则在发展过程中出现了许多演变，虽然每场会议具体使用的规则细则多以大会官方发布的学术标准手册为准，但大体上仍为趋同。需要注意的是，主席身为会议规则流程的最终决定者，有权力对规则进行适当调整以保障会议的正常进行。

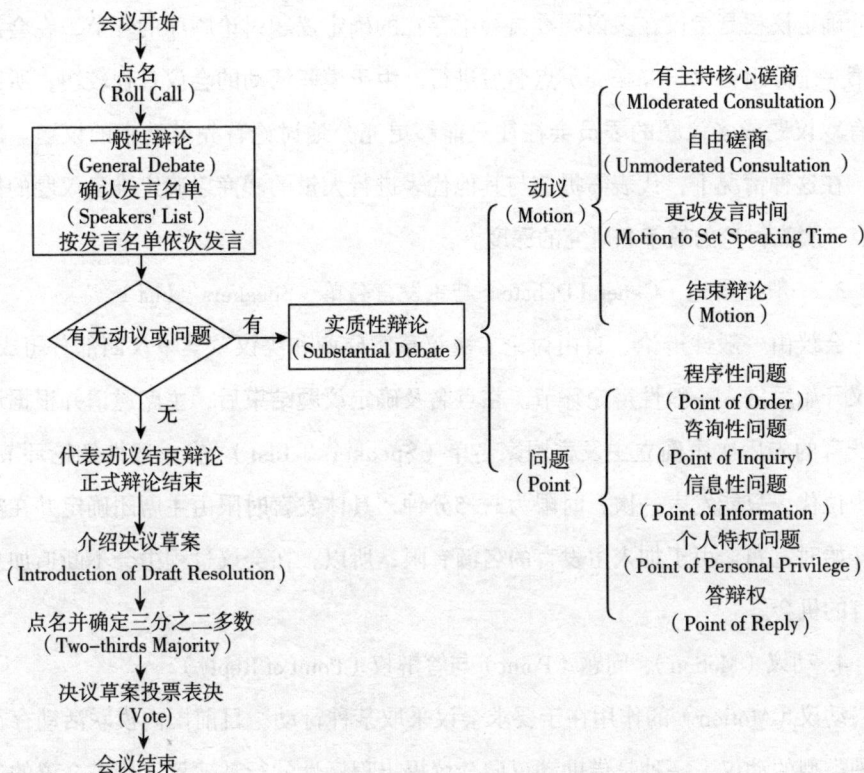

图5-1　模拟联合国大会会议流程图

1. 点名（Roll Call）

在每个分组会议（Session）开始时，主席团将对代表们进行国家名的点名。这一过程按照国家英文首字母（英文）或者汉语拼音首字母（中文）的顺序进行，被点到的代表需高举国家牌（Placard），并回答"出席"（中文委员会）或"Present"（英文委员会）。

点名的意义在于确认代表的出席，并在此基础上计算会议进行投票程序时的三分之二多数（Two-thirds Majority）、简单多数（Simple Majority）的数量，这些数据对会议的文件提交和表决过程至关重要。因此，当代表错过点名时，应在到达会场后使用意向条告知主席团恢复出席状态（Present）。主席团收到后方可通告全场，并重新公布三分之二多数和简单多数。

2. 确定议程（Setting the Agenda）

确定议程是指仅在多议题委员会中存在的确定议题讨论顺序的环节，在会议的第一个分组会议（Session）点名后进行。由于模联活动的会议日程较短，所以具有双议题或多议题的委员会往往只能够更充分地讨论首先被选中的议题。因此，在这种情况下，代表需提前与其他代表进行大量的磋商以确定准备议题的侧重点，提高讨论的效率和研究的深度。

3. 一般性辩论（General Debate）与主发言名单（Speakers' List）

会议由一般性辩论、自由讨论、决议草案磋商和决议草案审议四部分组成。会议开始后进入一般性辩论环节。在点名及确定议题结束后，主席邀请并根据请求发言的先后次序确立主发言国家名单（Speakers' List）。在一般性辩论环节，每一位代表只能发言一次，时限为3—5分钟，具体发言时限由主席团确定并在辩论开始时宣布。由于加入主发言的名额有限，所以，在会议过程中会不断追加主发言的机会。

4. 动议（Motion）、问题（Point）与答辩权（Point of Reply）

动议（Motion）的作用在于要求会议采取某种行动。目前国内模联活动存在两种类型的动议。一种是借助动议向会议提出程序性的行动建议，推进会议的进程。这意味着一场会议由许多个部分和阶段构成，开启或结束某个部分或阶段都是由代表通过动议提出的。[①]

---

① 刑麟舟、季嘉宇、白云鹏等：《模拟联合国学术指导手册》，联动计划内部出版，2014年版，第76页。

当某国代表提出一个动议后，主席会向场下代表重述该动议并询问是否有附议（Second）。若有任何国家代表附议则开始投票表决，若无任何其他代表附议则该动议自动未获通过。动议的通过需要经过全场代表投票表决，且不同类型的动议所需要的支持票数比例不同。其中关闭主发言名单投票、延置决议草案等会议关键节点上的动议，往往需要三分之二多数（Two-thirds Majority）的赞成票，但其他动议如进行磋商（Caucus）等则只需要简单多数（Simple Majority）的赞成票。

另一种类型的动议是中国模拟联合国大会主倡的类型，动议过程中增加了动议者和附议者发言内容。同样，任何动议应获得附议，未获得附议的动议不进入投票流程。一般动议须有一名附议的代表发言。停会、休会、暂停辩论、结束辩论的动议，除原议者外，得由两名赞成和两名反对动议的代表发言。动议者发言时间不超过2分钟，附议者及反对者发言不超过1分钟。动议经表决并获简单多数（Simple Majority）通过方可执行。代表可在自由磋商时提出动议，但是该动议不得在一般性辩论时提出。

问题（Point）是指在模联会议进行中，代表可在任一时间高举国家牌并向主席提出问题或要求，不需投票表决，且因具有优先权而被优先于动议处理。提出问题不应打断其他代表发言，否则主席团应予以警告。代表在被点名后需明确问题的类型，主要包括程序性问题（Point of Order）、咨询性问题（Point of Inquiry）、信息性问题（Point of Information）。其中针对代表提出的问题（Point），主席团需要立即做出裁决或解答。提出程序问题的代表不得就所讨论事项做实质发言。提出信息性问题应明确问题内容，由询问对象立即做出解释。有些模联会议还会提出个人特权问题（Point of Personal Privilege）和答辩权（Right of Reply）。

答辩权（Right of Reply）主要用于会议过程中任一代表在发言中不友好地针对其他代表或国家，被针对的代表可以申请答辩权，做出反驳或评论。申请答辩的代表应在对方发言期间或结束后，立即高举国家牌提出申请。否则主席团将不予受理。另外，答辩应该在该次会议全部结束后进行，答辩时间不超过2分钟，其他代表不得对答辩申请答辩权。

5. 非正式辩论（Informal Debate）

非正式辩论，也称自由辩论，主要分为有主持核心磋商（Moderated Caucus）和自由磋商（Unmoderated Caucus）。非正式辩论由代表主动根据会议情况发起动议（Motion）提出，经由会场多数代表赞成后开启。该环节可通过有主持核心磋商（Moderated Caucus）针对某议题进行深入讨论，或通过自由磋商（Unmoderated Caucus）给代表们更多交流的空间。通常在会议开始一段时间之后主席团会询问动议，此时会议的重心就会转移到非正式辩论上。通常在实际会议中，交流灵活的非正式辩论作为磋商、辩论和谈判的平台占比大于正式辩论。

代表在提出磋商动议时需提供以下要素：动议种类（Motion for Moderated/Unmoderated Caucus），总时间（Total Time），若是有主持核心磋商则还要提供讨论主题（Topic）和每位代表发言时间（Time for Each Delegate）。一旦有主持核心磋商的动议有足够的附议（Second）通过，主席则会邀请高举国家牌的代表加入磋商发言。而提出该动议的国家会自动归为发言名单首位，或在允许的情况下有权申请至于末尾。相比之下，自由磋商的代表可在规定时间内离开座位，在会场内外自由交谈，能够更密切地与其他代表进行面对面的深入沟通。

6. 会议文件（Conference Papers）

标准美式规则中涉及的会议文件有立场文件（Position Paper）、工作文件（Working Paper）、决议草案（Draft Resolution）、修正案（Amendment）。各个会议的会议写作指导中将提供大会文件的规范书写格式，帮助代表们书写符合会议规范的文件。由于章节篇幅有限且各个会议及协会有相关规范指导，因此，关于会议文件的写作标准与技巧，本文将不过多介绍。

7. 危机（Crisis）

危机（Crisis）是模拟联合国会议进行过程中突发性的插入事件，这些事件可能与代表讨论的议题相关，是推动会议进程的有效手段。事件的形式有若干种，可能是突发事件的新闻报道，可能是国际组织的文件，也可能是相关人员的视频资料，或者是各国政府的机密外交信函。[1]

当会议进入危机状态时，正式辩论将被无限期暂停，直至有效的指令草案通过，危机解决后方可进行。会场讨论必须以处理危机为中心，所有与处理危机无关的讨论都将被暂停。主席团在危机过程中只接受问题或动议，不允许上交并讨论除了指令草案以外的文件。但由于会议中主席团看重的是代表在处理危机中所做出的努力和应变表现，而非解决危机的最终结果，因此，也有主席团后续宣布未通过指令草案而危机结束的现象存在（危机解决失败）。

8. 决议草案的审议（Consideration of Draft Resolution）及表决（Voting）

代表团提交的作为会议决议的文件为决议草案，决议草案获得通过后成为会议正式决议。一个代表团只能提出或附议一份决议草案。每项决议草案的提案国[Sponsor（s）]和共提国[Co-sponsors]数量必须超过会议代表数的20%，提案国应在截止时间前（会期一半时）将决议草案、提案国和共提国名单一并提交主席团。获得最多提案国和共提国的决议草案为基础决议草案（Working Draft Resolution），如两份或者两份以上决议草案提案国和共提国相同，先提交最后文本的决议草案为基础决议草案。

主席主持基础决议草案的公开磋商。学术指导介绍基础决议草案提案国及共提国，逐段阅读基础决议草案。非提案国和非共提国代表可就基础决议草案案文提出咨询性问题或修改意见，提案国应予以解答和回应。关于基础决议草案的修改须建立在无反对（Non-objection）的基础上。

修正案（Amendments）指的是审议决议草案时，对于基础决议草案做出修改、删减、增补的文件或动议。提案国如接受修正案，可据此对基础决议草案进行修改，如不接受，则任一代表可动议进行表决（Vote）。修正案应提前以书面形式送交主席团。主席团应将基础决议草案和修正案复印件向各代表团散发。但修正案的复印件即使当场散发或仅口头介绍，仍可进行审议或表决。基础决议草案

---

[1]　刑麟舟、季嘉宇、白云鹏等：《模拟联合国学术指导手册》，联动计划内部出版，2014年版，第80页。

不经修正或经修正后，如获得所有代表同意，可不经表决通过。

表决（Voting）指每个代表团有一票表决权，委员会做出的一般性决议须获简单多数赞成。重大决定，包括维持和平与安全的建议、会员国权利和特权的停止、预算问题等重要问题的决定；对于重要问题决议草案修正案的决定，以及对此种决议草案分别付诸表决的部分的决定；其他任何事项应以三分之二多数（Two-thirds Majority）通过的决议，必须获绝对多数通过，绝对多数为出席并参加表决票数的三分之二。

（1）对动议（Motion）的投票为程序性投票，使用举牌表决方式。对基础决议草案和修正案的投票为实质性投票，使用唱名表决（Roll Call）方式。唱名表决时，主席团根据会员国国名英文首字母顺序，逐个点名询问代表意向。任何代表都可请求进行唱名表决。代表可以回答投"赞成"（Yes）、"反对"（No）或"弃权"（Abstain）。

（2）表决开始后，除与表决的实际进行有关的程序性问题外，任何代表不得打断表决的进行。主席可准许代表在表决开始前或者结束后做简短发言，解释其投票理由。基础决议草案、修正案的提案国，不得发言解释投票，除非该决议草案、修正案曾被修正，解释时间最多不得超过30秒。

（3）任何代表可动议将基础决议草案或修正案进行分阶段表决。分阶段表决后，再将基础决议草案或者修正案中获得通过的各段合成整体进行表决。如在分阶段表决中，基础决议草案或修正案的各执行段均遭否决，则整个决议草案或修正案被否决。

（4）如赞成和反对的票数相等，修正案应视为被否决。一个修正案的通过必然意味着另一修正案的否决，后一修正案不应再付诸表决。

三、会前准备指导

在正式参与模拟联合国会议前，代表需要认真做好准备工作，包括深入调研议题、了解代表国与各方的立场、做好预案并拟定磋商对象、撰写文件和发言稿等，以便能够在会场上展现主动权，最大限度地实现己方代表国的国家利益。

在多边外交中，提出方案是主动展示己方代表国立场和向会议施加影响的最有效方法之一，代表应在会前做好充分的调研以确保提案可被通过。模拟联合国会议注重提案质量与外交策略，因此参会者应做好"求同存异"的心理准备。从本国立场出发充分地表达思想和理念，并切中议题要害以获得更多的支持。

（一）会议之前的学术准备

模联大会之前的学术准备始于研读会议文件。在模拟联合国会议开始的前一两周，官方主席分别会在不同委员会提供会议相关文件给代表们进行提前研读，为与会者提供指导和调研方向建议等。文件主要包括背景指导（Background Guideline）、议事规则（Rules of Procedure）、会议写作指导（Paper Writing Guideline）等。其中：

背景指导（Background Guideline）是主席团对指定议题的分析和引导，包括议题的内涵和外延，国际社会对该议题已取得的成果以及值得进一步探讨的问题等，以帮助代表正确理解议题、深入探讨。[①]

议事规则（Rules of Procedure）中具体规定了不同参会者的角色、参与方式、会议的议题以及规则，为参会者提供了需要遵循的准则与规定。总体而言，各个模联会议的规则在一定程度上都大同小异地采用了《罗伯特议事规则》的原则与精神，对议事规则的熟练掌握也有利于代表更好地维护与实现国家利益。

会议写作指导（Paper Writing Guideline）旨在帮助代表们规范书写符合联合国大会要求的文件，包括立场文件（Position Paper）、工作文件（Working Paper）和决议草案（Draft Resolution）等。

1. 主题研究与信息收集

泛读背景，识别信息，重点突破，深入研究。背景文件是针对讨论议题的最重要指导文件之一，从中可获悉关于议题的背景情况、现有进展、可行措施以及

---

① 中国模拟联合国协会编：《中国模拟联合国大会指导手册》，北京：中国人民大学出版社，2015年版，第24页。

待解决问题等信息。背景文件通常由委员主席团撰写，其中包含了有关议题的内容。通读背景文件是确保讨论与议题契合的前提，因此参会代表们务必要仔细阅读。其次，对背景文件有了大致了解后，代表需以本国立场筛选出与本国最为密切相关的、利益最为契合的重点信息，并进一步进行深入研究。

深入研究，首先需要收集文件，然后进行整合，随之再分析资料，进而形成观点以及可行的解决方案。有关文件的收集主要包括三大类：国内资料收集、国际资料收集和相关国家资料收集。而研究工作主要分为四种：研究指定主题、研究所选国家文化和背景知识、研究所选国家在指定主题上的立场、研究其他国家情况和国际形势。

2. 研究指定主题

研究时需要对主题的复杂程度有所了解，尤其在使用大量的网络资源前应先经过仔细筛选，梳理出辩论所需的可靠论据再进行消化。在检索和搜寻主题时不仅可以使用对应的关键字，有时利用不同的表达也可检索出更多的信息资源。需要注意的是，在研究过程中许多信息来源都是带有偏见的，代表应从多处来源收集信息以确保公正性。此外，收集信息时务必要区分观点与事实，以事实来支撑观点。代表也需要研究其他国家在同一主题上的不同观点，分析出可用以支持己方观点的事实论据，针对易引起辩论的复杂问题进行深入了解，并运用这些论据找出对方陈述中的漏洞或错误。

在初步信息搜寻时，可用网站包括常驻联合国代表团[1]、联合国文件中心[2]、中国外交部[3]，上述网站都包含了许多关于其他国家与组织信息的链接。

3. 研究所选国家的背景知识

各国外交政策都是其国内政策的延伸，掌握一国的基本国情有助于更好地理解该国在某些国际问题上的立场。模拟国家的基本国情包括历史、地理、人口、风俗习惯、自然资源、政治经济状况、对外关系等信息，都能帮助理解所选国家

---

[1] https://www.un.int/

[2] https://www.un.org/zh/documents/

[3] https://www.fmprc.gov.cn/web/gjhdq_676201/gjhdqzz_681964/

采取某种特定政策和政治立场的原因①。此外，了解该国的历史发展情况以及背景知识不仅有助于理解该国人民，也有助于了解该国代表愿意接受的观点。在模联会议中，熟悉所选国家文化和背景知识可以帮助代表们更好地理清思路以回答一些未预见到的问题。

4. 研究所选国家在指定主题上的立场

某一国家围绕议题的不同问题的立场及外交政策，可通过该国的外交部网站、国家官方网站、政府部门网站等渠道获取。在模拟联合国的调研中，寻找到每个参与议题讨论的国家对应的具体政策声明无疑是十分困难的，因此要尽可能综合地了解该国在相关问题上所持的观点，根据已有的信息制定最好的政策。若找到了可利用的官方声明，代表应该视其为资源加以补充利用，切勿在大会上照本宣科。

由于实际情况必须与外交和政治相结合，代表若涉及虽然符合本国立场却有极端倾向的观点时，应有取舍地进行处理，并为敏感性话题预先准备一定的论理论据以支撑立场。

5. 研究其他国家情况和国际形势

代表们应有侧重地在不同问题上了解重要相关国家的立场，尤其是大国、主要支持与反对方，主要涉及第三类文件"相关国家资料收集"（主要大国及与有关问题相关国家资料和文件）。了解议题当下国家间的外交关系包括相关领域的多边合作，可促进国家利益在模拟联合国会议中更顺利地实现。为了更充分地代表自己的国家，会议中需要和其他国家的代表进行互动。因此，了解盟友和对手对某一问题的立场，有助于预测对方在辩论中将阐述的观点，进而可以事先做出是否寻求合作或妥协的判断。

与此同时，由于任何国际问题都是在某种国际形势下产生并受到当时国际格局的影响，各国的立场也会随着国际形势和世界政治力量对比的变化而有所不

---

① 联合国网站，联合国少年天地，《研究所选国家的文化和背景知识》，https://www.un.org/zh/cyberschoolbus/modelun/research2.shtml, 2019-06-19

同。因此，模拟联合国代表队的成员应当关心时事，了解世界各国对重大国际问题的立场。

（二）会场中注意明确与会立场与总体方案

1. 寻找结盟对象

联合国的会员国往往会形成不同的集团，而地区、政治理念、立场观点等都可能成为结盟因素。把握各方力量和态度，掌握本国与他国间的双边关系等信息，是促进制定正确参会方针及对策的基石。代表可通过阅读立场文件合集等方式，在会前对国家进行分类整理。游说与本国立场相近的国家并建立同盟，寻找与有分歧的对立国家进行磋商的可能。

2. 拟定总体策略

与会代表可根据其代表国家的国情以及会场议题的走向制定具体的参会方针，准备一定的具体策略以最大限度地维护国家利益。会场中主要可行的参会策略风格类型包括积极型、防御型和旁观型。

（1）积极型适合强势的大国或议题主流与国家利益一致的代表使用。大国肩负着相对来说更多的国际责任，因而在会议中应扮演积极推动作用。议题走向与国家对外政策目标一致的代表，自然可以采取更积极支持的态度推进议程。

（2）防御型适合国家利益与会议走向或主流观点不符合的代表采纳，可独立或联合立场相近的同盟采取防守的策略，进而达到反对并阻止与其利益相悖结果出现的目的。合理地运用议事规则增加发言机会，指出不妥之处的同时进一步强化本国立场，灵活地使用国际法规等其他机制都可以更好维护国家利益和立场。

（3）旁观型适用于本国利益与会议议题走向无重大利害影响的小国代表，为了提升会场存在感可在会议进程中提出一些中立的、有建设性的意见。代表也可通过阅读各国立场文件合集以开阔思路，汲取其中一些有创意且可行的措施，进而为国际事务建言献策。

此外，具体的谈判策略丰富多样，有的国家惯常采用主动进取型策略，在谈判中先声夺人、声东击西、虚张声势、扰乱军心；有的国家则采取低姿态，喜欢利用"悄悄外交"的手段；也有的国家攻防兼备，或待势而发或以攻为守。谈判的博弈贯穿整个会议，谈判的艺术也是重中之重，有关具体的谈判原则、方法及策略会在后续谈判指南的章节中进行详细介绍。

3. 确定政策底线

参会代表应在会议前确定正确的政策底线，才能确保在会场磋商中做出有限度的立场松动，同时也能兼顾捍卫本国利益的最终目的。在模联会场上，最后对决议草案的投票表决是各国立场意志的体现。因此，若文件出现了超出本国的政策底线的内容，国家代表就应该拒绝协商并对会议文件持反对票的表决。

四、模拟联合会大会赛事能力要求

虽然目前对此类人才的衡量仍然没有一个统一明确的标准，但其普遍的定义为"国际化人才一般是指能适应国际交往和发展的需要，具有国际意识、国际交往能力以及国际一流的知识结构，在全球化竞争中善于把握机遇和争取主动的高层次人才"[①]。国际化的人才培养模式要求学生应在熟练掌握本专业知识的基础上具有国际视野与创新意识，同时应具有较强的能力，运用现代科学技术手段对信息进行分析与处理，以及拥有良好的心理素质和国际竞争与合作意识。另外，还应具有终身学习的能力持续更新知识结构，以及在多元背景下承担民族文化的责任感。因此，高校在开展模拟联合国活动的过程中，应以培养国际化人才为导向，培养模联参与者的国际素养和综合能力。

（一）模拟联合国大会在国际化人才能力培养中的作用

高校围绕教育国际化对模拟联合国活动的开展，致力于促进青年成为复合型、高素质、外向型国际化人才。为了以更清晰和明确的视角探究模拟联合国活动在培养国际化人才所需的能力，北京外国语大学将国际化人才培养的内涵与标

---

① 张华英：《人才国际化与国际化人才的培养》，载《福建农林大学学报（哲学社会科学版）》2003 年第 6 期，第 81 页。

准界定为"GLOBALIZATION"（全球性人才），每一个英文字母对应一种能力要求。[①]

G—Global Thinking 全球化思维

L—Languages 多语言能力

O—Occupational Knowledge and Skills 专业知识技能

B—Background and Experience 背景经历

A—Aspiration 精神动力

I—Intercultural Communication 跨文化交际能力

Z—Zigzag 抗挫力

T—Triangulation 三角校正能力

N—National Dignity 民族文化定力

（二）如何在模联会场上做优秀代表

代表是模拟联合国会议中最为重要的构成部分，代表的专业素质、会场表现和学术水平等都是评价举办模联会议成功与否的重要标准。这一部分将依照普遍的模联会议标准与要求，并结合"GLOBALIZATION"的国际人才理论，针对如何在模拟联合国会议中成为优秀参会代表这一问题，给出一些具有参考性的建议。模拟联合国会议对参会代表的要求较高，不仅考查语言能力和思辨能力，还考查代表的多方面综合素质。为期数天的模联活动也是对代表政治素质、综合素质和心理素质的多方面考验。

1. 政治素质：赤诚爱国，全局观念，团结合作

外交官的一切出发点要以本国利益为根本，为国家立场服务并保持绝对忠诚，代表在参会时要以全局视野着眼于国家的总体利益。此外，在模拟联合国活动中具有一定团结协作能力和团队精神也是非常重要的，有侧重和分工才能更大程度地发挥合作的优势与智慧。在国际形势下具备全球化思维（Global Thinking）的同时，也要求代表需要具有国家的立场定力（National Dignity），带着激昂的热情、

---

① 贾文键：《外语专业国际化人才培养的内涵与标准》，《中国大学教学》，2015年第3期，第22页。

责任的使命感和饱满的精神动力（Aspiration）处理议题所讨论的国际事务。

2. 综合素质：审时度势，沟通交际，信息调研

代表需以国家利益为大前提，灵活地应对会场上的各种情况，随时根据场上代表的发言和局势调整策略。沟通交际则要求代表具有多边外交的能力，能够通过广结盟友争取支持、达成共识。全球化背景下具有多语言能力（Languages），能使国际人才在跨文化交际（Intercultural Communication）的纵横捭阖中更加游刃有余。模联场上，不同语言的委员会规定不同的工作语言，联合国更规定6种官方使用语言，较强的多语言能力可促使代表突破国际文化壁垒，引发更深的交流和领悟。

联合国多元化的议题涉及热点、难点以及领域问题，扮演国家外交官解决问题也需要青年代表具有三角矫正能力（Triangulation），即结合不同研究资料以多元的调研方法对问题和信息进行分析与研究的能力，有意识地从多维思考的视角出发解决问题。模拟联合国活动更是为不同专业的青年代表提供与其他学科知识（Occupational Knowledge and Skills）有机融合的生长点，丰富其国际化的背景与经历（Background and Experience）。[①]

3. 心理素质：沉着冷静，抗压应对，保持信心

作为国家代表参会时，需要有外交风范，始终保持沉着冷静，在遇到挑衅和攻击时应有理有据地辩驳对方。掌握好坚持与妥协的艺术，参会代表要在有所坚持的基础上分析具体情况，以适当的妥协更好地实现目标。在经济全球化、思想多元化的浪潮中，承受压力、应对挫折、化解矛盾的能力也尤为重要，良好的心理素质尤其是抗挫力（Zigzag）是学生走向国际舞台的重要保障。在与不同文化背景的人合作和竞争、面临更复杂环境的情况下，代表们需要有心理承受力、保持信心和较强的行动能力。

（三）模联会议中的谈判指南

外交谈判贯穿模拟联合国活动进程的始终，是模联比赛的重要技巧。本章节

---

① 贾文键：《外语专业国际化人才培养的内涵与标准》，《中国大学教学》，2015年第3期，第24页。

采纳并梳理了《中国模拟联合国大会指导手册》中的部分内容，对如何进行谈判、解决冲突、达成妥协、团结合作、拟定决议、建立共识等提出了一些具有参考性和指导性的建议。

1. 谈判原则与方法

联合国的谈判中心并不是利益交换，而是制订符合支持国家意愿和利益的、能有效解决问题的方案。[①] 在参与会议的过程中，基于有效利用各国资源以通过联合国解决当今世界问题是各方代表的共同目标。明确的目标设立、递进的谈判步调和善于倾听的外交能力都是模拟联合国活动事务磋商中的重要谈判原则与方法。

国家代表需明确谈判目标，包括最终目标和能不断更新矫正的阶段目标。模联会场中各方代表的终极目标应是在谈判尾声能够达成有效解决特定主题问题的决议文件，不仅符合己方国家立场利益，而且可以兼顾多数国家诉求。分阶段的目标对会议的进程十分重要，代表在会议中设立目标的同时也应跟随会议进展调整策略，这一过程可展现优秀代表的高参与度以及积极推动会议进程的素质。为了达成有效决议，各国代表应在明确自己目标后积极参与，围绕实现目标建立有益的社交关系，收集有价值的信息。

以循序渐进的谈判步调，通过合作将议题进行拆分并逐个击破。模拟联合国会议中涉及更多的多边谈判，代表应该依照一定的逻辑并参考主席团提供的背景文件对问题进行拆分，并与他国代表进行沟通和交涉以实现阶段性拆分问题的依次谈判。

能够倾听他方观点，更好地进行有效沟通是外交谈判的专业表现。由于国家立场利益的不同，模联会场上在解决问题的过程中自然会产生一定的分歧和矛盾。因此需要更多的交流和沟通，使用礼貌性谈判用语如"您的意思是……这样说对吗？"等开放式问题可进一步确认对手的核心观点，并在会场上展现出尊重

---

① 中国模拟联合国协会编：《中国模拟联合国大会指导手册》，北京：中国人民大学出版社，2015年版，第45页。

的态度与外交代表应有的专业素养。

2. 模拟联合国常用谈判策略

（1）待势而发

在阵营错综复杂、局势瞬息万变的国际会议中，代表应在了解形势及其可能的发展后更稳妥地确定策略。代表不应该急于表明己方观点，而应先经过冷静分析与观察了解各方背后的立场，以免在形势尚未明朗之时因贸然造成被动。如在利益集团（Bloc）的选择中，可先做好允分调研并静观其变，通过保持与各方的一定沟通以及对他国的立场调研后再做出行动。因未能坚持原则和立场而没有主见的"墙头草"行为，会对代表国的形象以及切身利益造成消极的影响。

（2）虚张声势

作为在国际会议中可进可守的常用策略，在广泛开展游说争取支持时运用可起到扰乱对方军心进而壮大己方阵营的作用。在国际博弈中该策略的使用会有意显示本国必胜信心和夸大已获取的支持，进而通过短期操纵舆论导向以获得更多的支持。具体在进行自由磋商、协商会议走向、争取决议草案投票的过程中均可适当灵活使用。

（3）逐步松动

外交谈判中坚持与妥协是一种艺术，达到期望的让步需要高超的技术。其一，在有分寸地坚持并显现出守护核心利益的决心与信心的同时，也要适当地为后面的让步留有余地。代表可在陈述本国立场后有诚意地表示出听取关切和认真参与讨论的意愿，表现出为了取得问题最优解而愿意展现的最大灵活性。其二，要有气势地展现出自己的让步是出于为推动谈判进展的大度，而非迫于压力的被动软弱。其三，审时度势后在适当之时要做出循序渐进的让步。

（4）求同策略

在冲突调和后，问题的妥协可伴随相应的回报，双方的让步也可伴随对应的承诺。如在会场中，各国代表可通过志愿者互相传递纸条（Page）进行沟通与协商。

（5）最大公约数

为了缩小分歧而取得实质性的收获，各方代表需在让步后的可谈判范围内寻找立场的最大公约数。即使存在如国家代表对文件中部分事项表示坚决强烈反对、双方原本立场相去甚远的情况，最终也会由于双方的妥协进而出现有所缓和的态度。因此，双方评价也会由极端逐步变为中立的"注意到"，甚至趋向立场的最大公约数（充分支持/强烈反对—坚决支持/坚决反对—支持/反对—赞赏地注意到/遗憾地注意到—注意到）。

（6）会外磋商

会外磋商是"悄悄外交"的一种，当会场上出现僵局时，各国代表可相约在会议走廊、休息室等地方，或在会期中的社交晚宴（Social Event）等场合进行磋商。

（四）模拟联合国大会会场发言指南

1. 预先磋商准备

在进行任何发言之前，代表应与其他代表进行充分的讨论以交流意见。提前归纳并写下想要讨论的关键词（如以思维导图等方式）向特定代表展现本国的意向和想要动议的话题，进一步增强他们对己方的理解。

当有必要回应另一代表发言时，代表应准备好回应内容并与其他相关代表进行磋商，于发言名单结束后请求使用回复的权利进行发言。

2. 明确发言目的

会场的干预性发言会推动或推迟一般性辩论，进而影响会议结果。因此若选择在特定的关键时刻进行演讲，则必须权衡其将带来的效果。决定发言前代表应清楚发言的目的及影响，通过回答"通过发表声明是为了实现什么？避免什么？言语措辞中是否存在有被误解或反向歪曲以至于损害目标实现的漏洞？"等问题，可帮助己方获得更清晰的条理。

一方面，辩论虽然与谈判有形式上的区别，但因有异曲同工之处而能在两者之间过渡。所以，辩论可以具有与谈判一致的目标，为进一步过渡到谈判做准备。另一方面，谈判是在各方进行的共同努力中进行的，目标群体也与辩论对象有所重合。因此，代表可研究能够通用的文本，整合资料以更好地实现目标。

3. 结构化发言论证

只有较高质量的发言才能在严格时限内有效达成目的，而结构化的陈述能够达到更具有说服力且更易被理解的效果。构建好发言内容开头、中间及结尾之间的逻辑关系是十分重要的。

总体而言，应分成结构框架进行论述，先从广为接受的想法开始再过渡到有异同的新想法，将各个观点依次呈现。制定的建议应能为共同目标做出贡献，在参考普遍接受的原则上尽可能具体而有限地阐明，合理删减提议中没有必要的延伸。

五、四川外国语大学模拟联合国协会及其活动历程

随着我国参与全球治理的进一步深入，我国对国际化人才的需求也愈加迫切。模拟联合国大会在培养复合型、高素质、外向型的国际化人才方面，有着突出意义。模拟联合国大会有助于实践语言、发展学术、谈判磋商，不仅能为个人的未来发展提供良好的辅助作用，也能为国家培养有国际视野与中国情怀的青年才俊。全国各大高校纷纷成立自己的模拟联合国协会，积极参与国内外的多项模拟联合国活动，不断推动模拟联合国活动的发展，以蓬勃的势头带领我国高校学子熟悉国际议事规则。

四川外国语大学秉持"国际事务导向、语言能力并重"的学生培养理念，冀望川外学子能将模联当作了解世界的窗口，大力培养语言和学术融合的复合型人才。四川外国语大学模拟联合国协会（SISUMUN）成立于2003年，挂靠国际关系学院，是中国尤其是西南地区模联活动的开拓者之一。作为中国模拟联合国协会的理事，四川外国语大学国际关系学院与中国模拟联合国协会保持密切的交流与合作，曾成功举办第七届中国模拟联合国大会、第七届中国国际公务员能力建设项目培训、第二届中国高校模拟联合国指导老师联席会、西南高校模拟联合国大

会等重要赛事和培训。

借助国际关系学院模拟联合国教师团队的指导,协会成员着力于语言和学术并进,强化语言能力、演讲磋商能力并拓宽国际视野。协会历届成员一直活跃在国内外各大模联活动的舞台上,以求实、创新的态度探索当今世界难题的解决方法,同国内外高校精英学子对话、交流,成绩斐然,多次揽获国际、国家级、省级和地区级最佳代表团奖、最佳代表奖(参看附录)。川外模联在西南地区模联事业中具有王牌影响力,在全国范围内声名远扬,有力展现了学校的综合实力。每两年举办一次的西南高校模拟联合国大会(Southwest Intercollegiate Model United Nations Conference)是西南地区最悠久、学术水平最高的知名模拟联合国会议。大会卓越的学术水平与精湛的会务水平受到了全国各高校的广泛关注以及中国模拟联合国协会的认可,逐渐成为西南地区规模宏大、独具特色、极具影响力的全国性模拟联合国大会之一。

六、结论

模拟联合国活动为培养具有国际视野、通晓国际规则、能够参与国际事务与国际竞争、具有民族情怀和高度的民族认同感的国际化人才,提供了优秀的实验平台。同时,模拟联合国活动也为高校间国际化人才培养搭建了交流渠道。

本文通过梳理模拟联合国大会的发展历程,介绍了模拟联合国大会的基本赛制流程。结合参与全球治理的国际化人才能力要求,对高校学生参与模拟联合国大会的能力要求、参会准备以及谈判策略等具体参会注意事项,进行了较为详细的介绍。在最后部分中,本文简单介绍了四川外国语大学模拟联合国协会在参与模拟联合国活动,以及进行国际化人才培养方面的作为。高校学子可通过模拟联合国活动培养国际化人才具备的国际语言能力、跨文化沟通能力与交际能力、熟练的国际化知识和技能、宽广的国际化视野等。

近年来,我国的国际地位有了极大提升,但在大型国际组织中的国际职员代表比例不足,尤其是担任高级职位的人数比例偏低。党的十九大报告提出了共商共建共享的全球治理观以及构建人类命运共同体等新的外交理念，这对高校国际化人才培养提出了新的要求。模拟联合国活动的特色是结合国际大背景、立足国内、放眼世界，对拓展当代大学生的思维和视野，塑造国际意识，增强学生的时代使命感和责任意识具有重要的促进作用。对高校学生而言，模联活动作为第二课堂的有益组成部分，提供了国际事务的实践机会，为今后有志于进入国际组织工作的人员奠定了坚实的基础。

附录：

时间	模拟联合国活动参会及获奖情况
2013	武汉大学模拟联合国大会Wuhan University Model United Nations Conference –Best Delegation; Best Speaker 第十届中国模拟联合国大会The 10th China National MUNC –Outstanding Delegate; Best Communication; Best Position Paper 上海模拟联合国大会 Shanghai Model MUNC –Best Delegation; Outstanding Delegate 重庆大学暨重庆市大学联盟模拟联合国大会Chongqing University & University Alliance in Chongqing MUNC –Best Delegation; Best Delegate 第八届西南政法大学模拟联合国大会The 8th SWPL MUNC –Best Speaker
2014	北京大学国际模拟联合国大会Asian International MUNC –Outstanding School Delegation; Best Delegate; Outstanding Delegate 第十一届中国模拟联合国大会The 11th China National MUNC –Best Delegate; Best Delegation 重庆模拟联合国——英国下议院会议Chongqing MUNC –Winning Bench 后勤工程学院模拟联合国大会Logistical Engineering University MUNC –Best Delegation; Outstanding Delegation; Most Graceful Delegate; Best Proposal

时间	模拟联合国活动参会及获奖情况
2015	第十二届中国模拟联合国大会The 12th China National MUNC −Best Delegation; Best Diplomat; Honorable Mention; Outstanding Journalist 海峡两岸模拟联合国大会Cross Strait MUNC −Best Delegation; Honorable Mention; Best Presentation; Best Position Paper 川渝模拟联合国大会Sichuan−Chongqing MUNC −Best Position Paper 国防科技大学模拟联合国大会 NUDT MUNC −Honorable Mention
2016	第十三届中国模拟联合国大会The 13th China National MUNC −Outstanding Delegate; Honorable Mention 第九届泛长三角地区模拟联合国大会The 9th Pan−Yangtze River Delta MUNC −Best Delegate; Best News Agency; Outstanding Delegate; Best Diplomacy; Honorable Mention; Outstanding Delegation 上海模拟联合国大会Shanghai Model MUNC −Outstanding Delegate 国防科技大学模拟联合国大会NUDT MUNC −Honorable Mention 西南高校模拟联合国大会Southwest Intercollegiate MUNC −Best Delegate; Outstanding Delegate; Honorable Mention; Best Position Paper; Contribution Award; 第十一届西南政法大学模拟联合国大会The 11th SWPL MUNC −Best Diplomacy; Best Journalist; Best Pronunciation; Most Potential Delegate
2017	第十四届中国模拟联合国大会The 14th China National MUNC −Best Speaker 西北地区模拟联合国大会China's Northwest Region MUNC −Distinguished Delegate; Best Role Play; Outstanding Delegation 北京大学国际模拟联合国大会Asian International MUNC Best Position Paper 第八届国防科技大学模拟联合国大会暨全军院校邀请赛The 8th UNDT& MUN Military Academies −Honorable Mention; Best Role Play 第一届海军航空大学模拟联合国大会 The 1st NAU MUNC −Honorable Mention

续表

时间	模拟联合国活动参会及获奖情况
2017	川渝模拟联合国大会Sichuan–Chongqing MUNC –Best Delegate; Outstanding Delegate 四川外国语大学模拟联合国大会SISU MUNC –Best Delegate; Outstanding Delegate; Honorable Mention; Best Position Paper 第十二届西南政法大学模拟联合国大会The 12th SWPL MUNC –Best Contribution; Best Leadership; Best Writing 中山大学模拟联合国大会 Sun Yat–sen University MUNC –Best Delegate; Most Potential Delegate; Best Position Paper; Best Style Award;
2018	北京大学国际模拟联合国大会Asian International MUNC –Outstanding Delegate 第十三届西南政法大学模拟联合国大会The 13th SWPL MUNC –Best Delegate; Outstanding Delegate; Honorable Mention 第九届国防科技大学模拟联合国大会暨全军院校邀请赛The 9th UNDT& MUN Military Academies Outstanding Delegate; Best Diplomacy 上海模拟联合国大会Shanghai Model MUNC –Best Delegation; Best Delegation 西北工业大学模拟联合国协会NWPU Model United Nations Conference –Outstanding Delegation; Outstanding Delegate; Distinguished Delegate; Most Popular Delegate
2019	第九届中日韩青年论坛The 9th Japan–China–ROK Youth Forum –Best Delegate 第十五届中国模拟联合国大会The 15th China National MUNC Best Delegation; Best Delegation; Best Organization 北京大学国际模拟联合国大会Asian International MUNC –Best Delegate; Best Delegate 空军工程大学第一届模拟联合国大会1st Air Force Engineering University MUNC –Best Delegate; Best Delegate; Honorable Mention; Honorable Mention; Outstanding Delegation

注：MUNC为Model United Nations Conference

四川外国语大学模拟联合国协会参会获奖一览（截至2019年6月）

模拟亚太经合组织赛事活动与国际化人才培养

葛静静①

摘要： 亚太青年模拟 APEC大会简称MODEL APEC或模拟 APEC，是依据亚太经合组织运作方式和议事规则，围绕亚太地区热点问题召开的全英文会议。自创办来，已累计吸引全国乃至亚太地区数十万青年学生的参与。本文从MODEL APEC的发展历程出发，介绍了模拟亚太经合组织活动的发展历程与现行规则，并以四川外国语大学模拟亚太经合组织社团为例，围绕参赛选手的参会学术准备、综合素质要求和具体参会技巧等进行介绍，对模拟亚太经合组织及其对人才的能力素养训练予以梳理。同时通过问卷调查和赛事模拟分析，反映相关模拟活动对参与者的能力要求，深化对模拟活动与国际化能力培养关系的认识，为今后模拟亚太经合组织及其他模拟活动的开展提供参考。

关键词： 模拟亚太经合组织、国际化人才、核心能力

亚太经合组织（Asia-Pacific Economic Cooperation）是当今世界规模较大的多边经济区域集团化组织，由亚太地区21个经济体和3个观察员组成，就经济发展水平而言，有发达经济体，也有发展中经济体。其以非强制性、开放性、经济论坛等特点在推动区域贸易一体化、经济全球化等全球性议题中发挥着重要的作用。除经济议题外，亚太经合组织也开始介入一些与非经济相关的议题，如反对恐怖主义②、反腐败、女性赋能（Women Empowerment）等。

---

① 葛静静，奥克兰大学中国研究中心，此篇为作者就读于四川外国语大学时所作。
② 注：2001 年 APEC 部长级会议《部长联合声明》。

亚太青年MODEL APEC大会秉承亚太经合组织开放、发展、自愿的APEC精神，从2010年起举办相关青年模拟会议，围绕当年亚太地区的热点问题、亚太地区经济、科技发展趋势、APEC相关政策展开讨论，并形成本年度《青年宣言》上交至APEC高官会议。旨在推动教育和引导当代青年，理解和支持亚太地区公共外交事业，将区域合作的精神传播给青年一代，同时加强APEC在亚太地区青年一代的影响力和理解力。

一、MODEL APEC发展历程及奖项设置

亚太青年MODEL APEC大会（Asia-Pacific Youth Model APEC Conference）始办于2010年，简称为MODEL APEC或模拟 APEC。依据亚太经济合作组织运作方式和议事原则，围绕亚太地区的热点问题召开的全英文会议。每年，MODEL APEC在近百所大学中开展高校MODEL APEC会议、地区MODEL APEC会议和全国会议，并在活动落地、活动开展、跨境合作方面都取得了优异的成果。自创始以来，项目已累计吸引来自亚太地区近200所大学和中学的数十万名青年学生参加。

（一）MODEL APEC的发展历程

MODEL APEC始办于2010年，由北京环亚青年交流发展基金会主办，中国太平洋经济合作全国委员会指导。依据MODEL APEC会议及系列活动，旨在拓展国际视野、培养未来精英、领略领袖风采、助力青年发展、积累青年能量。[①]

2014年，基金会主办了APEC领导人会议周配套活动——2014 APEC青年周活动，邀请21个经济体近60名青年代表参与，这是APEC青年活动首次将21个经济体青年代表齐聚一堂，体现了APEC所倡导的区域合作精神，为亚太地区的经济发展提供来自青年的建议，为APEC领导人会议烘托良好氛围。2016年，基金会成功将此活动在APEC人力资源工作组教育网络下立项，项目编号HRD201607S，成为中国发起的在青年跨境教育领域的优异尝试。同时，2016年MODEL APEC大会也成

---

① http://www.model-apec.org/home/aboutUs.html，2019-07-14。

为第六届APEC教育部长会议的配套活动。[①]

MODEL APEC工作组会议、APEC高官会议、APEC部长级会议及APEC领导人非正式会议等APEC相关会议，每场会议由21名经济体成员代表及3个观察员代表参加，根据本经济体情况及需求进行会议。通过发言、讨论等环节，围绕本年度APEC议题，对各项政策进行深入探讨，达成共识，层层上交。最终由模拟领导人代表形成本年度的《青年宣言》，并上交至APEC高官会议。其目的在于让更多人看到青年眼中的APEC、听到来自亚太地区经济未来力量对发展的建议。

每年夏季，亚太青年MODEL APEC大会召开全国会议，都会选拔出3位优秀的青年代表，出席当年的APEC领导人非正式会议及系列活动。近年来，亚太青年MODEL APEC大会还新增设了高中组。每年选拔1位优秀的高中青年代表，同3位大学组代表共同参与当年的APEC会议。截止目前，优秀青年代表跟随国家领导人已出访过秘鲁利马APEC会议，新加坡APEC会议、日本横滨APEC会议、美国夏威夷APEC会议、俄罗斯符拉迪沃斯托克APEC会议、印度尼西亚巴厘岛APEC会议、中国北京APEC会议、菲律宾马尼拉APEC会议等。

自2016年起，MODEL APEC正式开设了MODEL APEC Junior（中学组）项目（简称MA Junior），在全球14—18岁的青年代表中推广APEC理念，并配合会议、培训、课程等设置，进一步加强中国青少年的国际化发展，拓展国际视野，培养优秀的青年外交外事人才。2016年、2017年，MA Junior已成功举办两届，并选拔优秀的中学青年代表出访APEC会议。

（二）MODEL APEC的奖项设置

为了鼓励更多青年参与MODEL APEC活动，同时也为了激励更多学校和社会单位参与国际化人才培养的实践，每年夏季全国大会都会对相关个人和单位颁发奖项。以2018年全国会议为例，其根据参赛选手的会场表现和相关学校的人才培养成果颁发奖项。相关奖项设置可分为个人奖和团队奖。

---

① 北京市环亚青年交流发展基金会，亚太青年模拟 APEC 大会组委会，《2018 MODEL APEC 大会方案》。

个人奖项：全国一、二、三等奖（National Prize），最佳外交口才奖（Best Diplomacy Eloquence Award），最佳外交风采奖（Best Diplomatic Presence Award），最佳文案奖（Best Paper Writing Award）。

团队奖项：最佳经济体奖（Best Economy Award）、国际化人才杰出培养基地（Outstanding International Talents Training Base）、优秀组织奖（Excellent Organizing Award）。

每年获得全国一等奖的选手将得到组委会全额资助，出席当年的APEC工商领导人峰会。

二、MODEL APEC的比赛流程

MODEL APEC大会由高校模拟会议、地区模拟会议、全国会议组成。选手依次参加高校会议、地区会议，最终经过层层选拔参加全国会议。

以2018年为例，选手需通过校级选拔赛（川外校内赛）、地区选拔赛（西部地区赛）最后才可参与当年的国家赛（包头MODEL APEC大会）。国家赛相比地区赛和校内赛，选手构成更为多元，涵盖全国30余所高校，同时还有来自亚太地区的国外选手，例如2018年大会邀请了来自哥斯达黎加、巴布亚新几内亚、印尼、新西兰等国家的青年代表参与。除选手构成外，全国赛的流程也相对完整，涵盖"会议文件写作""会场文件写作"等方面。本部分将通过2018年包头MODEL APEC大会作为实例予以讲解。

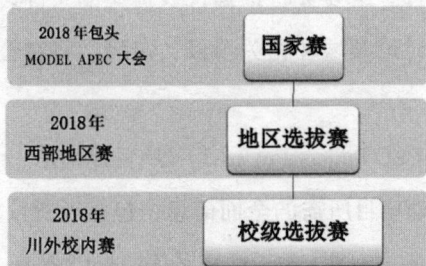

图6-1　MODEL APEC的比赛流程图

（一）会前准备流程

2018年全国会议于8月初在内蒙古包头召开。围绕"提升初创企业创新力"（Promote Innovation of Start-ups），大会共设置四个子议题。其中1—3会场为普通会场，4会场为女性会场，仅供女性代表参加。所有选手在7月抽签，分配各自经济体与会场。

表6-1　大会议题表

Promote Innovation of Start-ups	
Sub-theme 1	Improve digital competency of Start-ups
Sub-theme 2	Strengthen the innovation ability of Start-ups
Sub-theme 3	Enhance competitiveness of Start-ups in global connectivity
Sub-theme 4	Promote gender inclusion and empower women Start-ups

在会议召开前，各经济体代表需根据各自情况，围绕指定议题，撰写"会议要点文件"（Meeting Bullet Paper）及"个人项目提案"（APEC Project Proposal）。所有撰写文件需在会议开始前10天提交。文件提交后，组委会根据各经济体项目提案涉及的主题进行整理，最终形成正式会前文件，按照会场主题在会议开始前3天，分别发放给经济体代表，以期各代表对各自项目予以修改，并在会议召开前达成一定的共识。

会议要点文件（Meeting Bullet Paper）：会议要点文件是代表将在会议期间讨论的建议和建议的主旨。组委会将根据代表提交的文件，制定一份定稿的会议要点文件，突出主要讨论领域和相关项目，定稿后将在会前分发给代表，供其参考。

个人项目提案（APEC Project Proposal）：项目提案是一个正式的文件，它提供了利益相关者决定启动项目所需的全面信息，包括经费预算、时间、主要形式、参与经济体、时间安排与步骤、关于性别平等的保障举措、应急措施等。项目提案将在会议之前分发给其他代表，以便每个代表都能寻找到潜在的合作领域。

会议总结文件（Meeting Summary Paper）：同一议题的会议代表应自行组织另一轮会后讨论，就与分会主题一致的两个具体项目达成共识。在会议层面制定两个项目提案，作为合作会议成果，并提交至组委会。

会场项目提案（Project Proposal）：作为一个单元的同一次议题会议的代表应共同制作一份会议摘要文件，作为上述两个项目提案的摘要。会议纪要将作为两个项目建议书的封面。

表6-2　会前日程安排表

剩余天数	重要事件
10	赛前文件提交
3	会议文件发放
0	模拟会议召开
-3	会议总结文件
-3	会场项目提案

（二）会议流程

MODEL APEC 大会主要分为四个环节：主席致辞—个人陈述—自由辩论—主席总结。总体而言，高校模拟会议、地区模拟会议、全国会议流程保持一致，但根据各地情况在各环节的时长设置上有所不同。MODEL APEC 大会遵循APEC各经济体平等的原则，各经济体发言次数与总时长相同。

表6-3　2018年全国会议流程表

流程	单次发言时长（分钟）	各代表发言总次数	总时长（分钟）
主席致辞	3	0	3
个人陈述	3	1	63
自由辩论	1.5	3	94.5
主席总结	3	0	3
预计时长：163.5分钟（2.7小时） 实际花费时长：180分钟（3小时）			

第一环节——主席致辞（Opening Remarks）：主席点名确保所有经济体均已出席。简短介绍比赛规则后，围绕本次会议的议题提出期望。该环节预计花费时间3—5分钟。

第二环节——个人陈述（Keynote Speech）：各代表按照经济体英文名首字母顺序依次陈述。陈述内容包括经济体对该议题的认识、发展成就、面临问题、相关政策、项目提案、合作意向等。各代表仅有一次发言机会，发言时长不超过3分钟。该环节预期花费63分钟。若有观察员参加会议，则在所有经济体发言后安排观察员发言，时长、次数与经济体保持一致。

第三环节——自由辩论（Free Discussion）：主席针对第二环节各代表发言情况进行总结，定下2—3个具体的分议题或创新点，引导各经济体代表展开具体讨论。各代表根据主席确定的具体分议题展开讨论。主席随机选择举起经济体名牌的代表发言。各代表讨论的内容包括合作意向、项目提案、回应或提问等。各代表共有三次发言机会，每次发言时长不超过1.5分钟。该环节预计花费94.5分钟。若有观察员参加会议，时长、次数与经济体保持一致。

第四环节——主席总结（Conclusion）：主席总结自由辩论环节各代表的发言、讨论议题。对整场会议讨论内容、成果予以简要回顾，并提出下一阶段的合作方向。该环节预期花费时间3—5分钟。

全国会议环节，还设置了模拟APEC和模拟CEO峰会。经过激烈的角逐，各会场将有3位优秀青年代表晋级总决赛。晋级的12位选手将随机分配角色，高度模拟APEC领导人和企业家的对话，发挥实力、激发潜力，最终每场将以1：4的比例决出最终获胜的3位选手。这3位从模拟APEC和模拟CEO峰会中产生的优胜者将获得出访APEC经济体领导人共商亚太重要事务、推动贸易自由化与经济合作的最高级别峰会，即APEC工商领导人峰会的机会。以2018年全国会议模拟APEC和模拟CEO峰会为例，模拟的对象包括新西兰总理、马化腾、Airbnb总裁等。

三、MODEL APEC的准备

MODEL APEC全国会议每年举办一次，且参赛选手需要经过高校赛、地区赛层层选拔，时间跨度较长，连贯性较强。往往每年3月就开始预热，4—5月举行高校赛，6月举办地区赛，7—8月举行全国赛。相比其他模拟赛事，其周期较长，对选手的能力进行较全面的考查。同时，MODEL APEC有其独特的赛事流程和赛制。因此，要求参赛选手在正式参与相关模拟会议之前，熟悉赛制、了解议题和经济体立场，尽可能最大限度促成各经济体之间的合作。

（一）赛前会议准备

MODEL APEC大会相较其他模拟活动，在形式上有着显著的特点，秉承APEC各经济体平等、非约束性原则（No-binding）、开放包容合作、协商一致等基本原则与精神。

平等原则：主要体现在各经济体的发言时间与发言次数上。各经济体无论经济总量大小、发达程度，抑或是经济制度、文化因素、政治制度，在各议题中都有平等的地位。这体现了APEC包容性的特点，确保相关成果是各经济体之间达成的共识，而非少部分经济体强加的意愿。

非约束性原则：非约束性原则是MODEL APEC大会的一个显著特征，这源于APEC作为官方经济论坛（开放经济联合体）的性质。在这一模式下，APEC各成员无须进行主权让渡。因此，相关"协定"等对各经济体都不具有约束性，最后各经济体往往形成共识文件作为当年的成果，如《圣地亚哥宣言》《亚太经合组织第26届部长级会议联合声明》《悉尼宣言》等。在模拟会议中体现在自由辩论环节，各代表不再受限于固有的"支持"、"中立"或"反对"的传统立场，反而通过对各方差异予以正向沟通、谈判，最终形成共识。这要求参赛选手秉承协商一致的原则，在人称的使用上多使用"We""Our economy"，避免使用"Our country""I"等。

经济论坛属性：与其他政府间国际组织不同，APEC具有开放经济联合体的属性，即一个官方性的经济论坛。早期议题仅涉及经济领域，不涉及政治议题。近年来议题内容有所拓展，开始涉及政治相关议题。在模拟会议中，这要求参赛选手具有较强的政治意识，正确区分主权国家与经济体的概念。1991年11月，在"一个中国"和"区别主权国家和地区经济"的原则基础上，中国、中国台北及中国香港一起正式加入亚太经合组织。①基于此，要求各选手对相关背景有所了解，特别是对中国台北（Chinese Taipei）、中国香港（Hong Kong, China）的称呼，避免使用具有较强主权属性的"Nation""Country"等词汇，多使用"Economy"经济体等词汇。

（二）赛前学术准备

MODEL APEC大会的议题往往与当年APEC领导人非正式会议、APEC工商领导人峰会等APEC会议议题联系密切，且均属"经济"范畴。要求参赛选手除了有较高的英语水平外，还应有相当的专业知识储备和对新技术、新话题的理解与学习能力。具体体现在以下几个方面。

会议议题背景及发展：与其他模拟活动不同，MODEL APEC大会全国会议并未设置"背景指导"或"背景文件"，绝大多数情况下仅发布当年的会议主题和分会场议题。这需要各经济体代表通过APEC官方数据库、相关报告及官方文件信息对该议题产生的背景有一定的认识，同时对最新的发展情况有充分的了解。

APEC相关文件主要分为会议文件（Meeting Papers）和出版物（Publications）。会议文件又可细分为"领导人宣言"（Leader's Declarations）、"年度会议文件"（Annual Ministerial Papers）、"部长会议文件"（Sectoral Ministerial Papers）。上述文件主要是对相关会议内容予以记录。出版物多按照议题进行划分，对相关议题的发展具有一定的记录。例如，*Gender Mainstreaming - Good Practices from the Asia Pacific Region*就对亚太地区针对经济领域实现性别平等的系列举措有一定的记录。

---

① 中华人民共和国外交部，中国与亚太经合组织的关系，https://www.fmprc.gov.cn/web/gjh-dq_676201/gjhdqzz_681964/lhg_682278/zghgzz_682282/，2019-07-20

参赛选手可通过相关议题的出版物加深对议题的理解，发现待解决的问题。

代表经济体的发展历程：MODEL APEC大会旨在通过模拟会议，"再现" APEC系列活动，从而培养新一代青年外交人才。为达到这一点，相关参赛选手需通过相关经济体行政机构网站、APEC数据库、新闻报道等，对经济体在该议题下相关领域发展的现状，综合分析现阶段面临的问题，提出具有针对性的提案或建议。MODEL APEC大会多以"提案"为导向，会场上多是经济体间对各自提案的"推销"，对其他提案的"质疑"。此外，MODEL APEC大会还对创新性具有较高的要求。这要求各经济体代表在提出项目时，对以往该经济体已实施过的项目进行较完整的回顾。在这一阶段，可使用APEC项目数据库（APEC Project Database）[1]进行搜索。多数情况下，可对原有项目的内容进行调整，对失败或成功原因进行总结，在这一基础上提出新的项目提案。

资料查找的主要途径：在准备MODEL APEC大会中，多推荐APEC官方网站。2019年7月针对川外在校且参与过MODEL APEC大会的同学，就其资料查找的途径展开调查。除APEC官网外，国内的新闻门户网站和网络百科类平台也占据一定比例。所代表经济体的社交媒体讯息和新闻网站占比相对较小。就其产生的作用而言，绝大多数受访者认为APEC官网、新闻门户网站起到十分有效的作用，而所代表经济体的新闻网站起到的作用十分有限。

在会前准备阶段，推荐以下信息源：APEC官方网站[2]（包括其相关数据库、出版物、文件）、南开大学亚太经合组织研究中心（APEC研究院）、中国APEC发展理事会等。

（三）赛前策略拟定

在MODEL APEC大会中，因时间和发言次数限制，往往很难当场达成共识。在具体操作中，即使是最后一次发言机会，部分经济体仍在"推销"自己的项目

---

[1]　APEC 项目数据库：https://aimp2.apec.org/sites/PDB/default.aspx

[2]　APEC 官网：https://www.apec.org；南开大学亚太经合组织研究中心：http://apec.nankai.edu.cn；中国 APEC 发展理事会：http://www.chinaapec.org/index.shtml

提案，上述情况时常发生。相比传统辩论中"非此即彼"的情形[①]，MODEL APEC大会更像是各方为了达成共识不断"妥协"或"对自身方案予以修正"的过程。这就要求参赛选手在会议召开前不仅要做好自身工作，提出具有创新性的提案，还需要提前对各经济体的提案有一定了解。

寻找利益交汇点：参赛选手在会议召开前需对各经济体的有关提案、项目进行了解，寻找各经济体之间提案的相似处。在赛前通过邮件等方式，向提案类型相近或接近的经济体发出邀请，寻求支持或共同参与制定项目，在自由辩论环节对相关细节进行深入讨论。

修正项目及提案：在了解各经济体的立场和项目提案之后，参赛选手需根据利益交汇点和部分经济体的诉求，对本经济体提出的项目提案进行有针对性的调整。这有利于在会议正式开始时迅速与有关各方形成初步共识，利于下一阶段的深入讨论。

了解诉求和建议：各经济体代表可在会议召开前，提前同与会的有关经济体沟通，了解其对此议题所持的态度、立场，对自身方案进行简要说明，了解他方诉求。在这一阶段，相关代表可根据项目与提案情况，撰写个人陈述环节的发言稿，阐明己方与有关各方的利益交汇处与未来合作空间，提及下一轮想要讨论的要点及领域。

四、MODEL APEC核心能力要求

MODEL APEC大会秉承了APEC非约束原则（No-Binding）和经济论坛的定位，强调合作摒弃分歧，各经济体无论大小，地位平等，在形式上，各经济体发言时间与次数固定。会期最长仅3小时，各代表的发言时间较短。因此，对代表的能力具有较高的要求。

[①] 陈娟、刘洋：《基于MODEL APEC会议模式的大学英语教学研究——以"英语演讲与辩论"课为例》，《北京教育》，2018年第10期，第64页。

（一）目标能力

《2018 MODEL APEC大会方案》指出，亚太青年MODEL APEC大会旨在教育和引导当代青年，理解和支持亚太地区公共外交事业，将区域合作的精神传播给青年一代；加强APEC在亚太地区青年一代的影响力和理解力，把青年对APEC初创企业的创新化发展政策建议上交至更高级别的对话交流中；为青年构建一个与政府官员、商界领袖和著名学者之间相互交流的平台。在这一理念的指导下，MODEL APEC大会提出了"Seek Excellence, Experience Success"的口号。根据大赛赛程设置，可大致将能力要求划分为以下五个方面。

第一，演讲辩论能力。MODEL APEC根据赛制设定的特点，分为个人陈述与自由辩论两个环节，且代表发言时间和次数有限，3小时的会议各代表累计仅7.5分钟的发言时间。这就要求参赛选手能够在较短时间内有序、简明地陈述自己的观点和提案。同时尽可能兼顾在场21个经济体。在第二环节根据会议的进程，需合理分配发言时间，充分促成场上的合作；面对其他代表的疑问或质疑，充分利用较短的发言时间予以回应，并推动会议话题朝着更深入、更具体的方向发展。

第二，随机应变能力。在自由辩论环节，通常由会议主席根据"个人陈述"环节的发言内容和前期提案提出可以继续深入讨论的话题。例如，主席根据提案发现，较多代表的提案涉及融资、全球价值链、教育等话题，因此建议各代表围绕上述三个话题进行深入讨论。但也有特殊情况出现，主席根据分会场情况，提出问题，引导参赛选手就经济体的具体情况回答问题。例如，在分会场"加强初创企业的国际化发展"（Enhance competitiveness of Start-ups in global connectivity），主席提出"目前初创企业国际化的阻碍""如何加强初创企业的能力"等问题。此时需在短时间内对准备材料进行调整，并将所提提案与相关问题最大化关联。除此以外，MODEL APEC大会还具有"不设置发言名单"的特点，即除个人陈述环节按经济体首字母顺序外，自由辩论环节发言顺序由主席确定，随机性较强。参赛选手举起代表牌仅代表其准备好发言，但具体何时得以阐释观点却不得而知。在具体操作中，多次出现"举牌与发言时间间隔过长"的现象。不少代表举牌想对其他代表的提问予以回应时，有时需要等待4—9位，甚至更多位代表发言之后才可陈述其观点。这就要求参赛选手根据会议进程，对准备的资料予以选择、取舍，权衡会议进程和提案推广。

第三，学术调研能力。MODEL APEC高度模拟 APEC会议，这一点在每年的全国会议主题上得到充分体现。例如，2018年全国会议主题"促进APEC地区的创新创业发展"（Promote Innovation of Start-ups in APEC）与2018年巴布亚新几内亚APEC领导人非正式会议主题"把握包容性机遇，拥抱数字化未来"契合。2019年全国会议主题"女性连接"（Women Connect）与2019年智利APEC领导人非正式会议三大主要议题中的"妇女与经济增长"吻合。会议议题时效性强，均带有较强的经济背景，选手提案涵盖企业孵化与融资、全球价值链、信用体系、知识产权保护、物流体系等，要求有相应的专业知识背景。就其提案而言，需对APEC相关数据库或提案库予以阅读，避免重复，以求创新。

第四，文件写作能力。每年全国会议举办前，选手需根据代表的经济体情况和调研结果撰写会议文件，并根据以往的成果结合当下热点及发展趋势，提出较为新颖的提案，撰写提案文件。会议结束后，根据会议讨论结果每个会场形成2份会后文件，最终形成政策建议文件提交。

第五，情感因素。MODEL APEC大会在青年群体中得到广泛推广，除了其模拟会议环节对参赛选手个人能力的全方位评估与准备过程得到的能力提升，还在于其对APEC精神、公共外交理念的传播。MODEL APEC自成立伊始，就力图打造一个青年与商界、政界对话的平台，每年全国大会邀请的嘉宾不仅有来自亚太地区的青年企业家，还有从事公共外交领域的政府工作人员和资深外交官。可以说，对APEC包容、协商一致等核心精神的认同、对外交领域的向往和亚太地区重要地位的认可，是每年众多青年选择参与MODEL APEC大会的重要因素。

（二）实际结果

依据目标能力要求，于2019年7月在川外选取部分参与过MODEL APEC大会的学生进行问卷调查。共回收112份问卷，有效问卷108份，问卷有效率96.4%。按照题目顺序，对问卷结果予以呈现，并选用近六次校内模拟会议（2019年6月外交学专业课堂活动、2019年5月校内赛、2018年12月校际赛、2018年11月模拟会议、2018年6月西部地区赛、2018年4月校级选拔赛）作为实际情况，进行综合分析。

您是否有过其他模拟国际组织的活动经历（例如，模拟联合国）

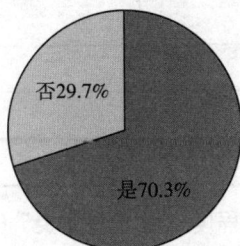

图6-2 结果示意图

就受访者而言，超过半数（76，70.3%）的受访者表示在参加MODEL APEC大会前曾参加过相关模拟活动，如模拟联合国大会、模拟金砖国家会议等。仅部分（32，29.7%）受访者表示此前未参加过相关模拟活动。基于此，展开问卷调查。调查结果呈现出如下特点：

表6-4 调查结果示意表（1）

根据自身体验，将下列选项按"最难"到"最简单"排序	
选项	平均综合得分
临场应变	4.28
资料查找	3.56
发言用语	3.06
会议流程	1.91
会议礼仪	1.65

在对"资料查找""会议礼仪""会议流程""发言用语""临场应变"五项按照"最难"（5）到"最简单"（1）进行排序时，"临场应变"平均综合得分4.28，位居第一。其余项得分分别为：资料查找（3.56）、发言用语（3.06）、会议流程（1.91）、会议礼仪（1.65）。这表明绝大多数参赛者认为"临场应变"相较其他项而言更难，"资料查找"和"发言用语"较难。"会议流程"和"会议礼仪"相对简单。

表6-5 调查结果示意表（2）

根据自身经历与MODEL APEC特点，将下列选项按重要程度，由"最重要"到"最不重要"进行排序	
选项	平均综合得分
交际表达能力	3
英语综合能力	2.83
信息搜索能力	2.39
外交外事礼仪	1.56

在对上述四项能力按重要程度，由"最重要"（4）到"最不重要"（1）进行排序时，"交际表达能力"平均得分3，位居第一。其余项得分分别是：英语综合能力（2.83）、信息搜索能力（2.39）、外交外事礼仪（1.56）。这表明在大部分参赛者看来，"交际表达能力"占据较为重要的地位。

表6-6 调查结果示意表（3）

根据自身经验，选出在活动中相较难度更大的一轮会议		
选项	人次	比例（%）
第一轮个人陈述	8	7.4
第二轮自由辩论	100	92.6

针对比赛流程，选出在活动中相较难度更大的一轮会议。"第二轮自由辩论"环节选择比例高达92.6%，"第一轮个人陈述"仅8人选择（7.4%）。就原因而言，绝大多数受访者表示自由辩论环节对临场应变能力有较高要求，在短时间内组织语言、针对经济体代表予以回应难度大。也有受访者认为，除了组织言语，倾听其他代表发言也具有挑战性，对专业词汇和归纳概括有一定的要求，同时也需有全局意识，推动会议进程。

该题结果与实际操作中呈现的结果接近。模拟会议中，"自由辩论"环节是最精彩但难度最大的环节，对选手的临场应变能力具有较高的要求。在近几次会议中，近乎所有选手都在"个人陈述"环节准备了相应的纸质发言稿，大大降低了难度。从陈述内容上看，多涉及议题背景、成就、目前遇到的挑战、提案介绍以及合作意向。较多参赛选手在个人陈述环节有一定的时间分配问题，如对项目或提案的介绍时间不足，成就和背景谈论占比较多，导致沟通效果较低，即"听不懂"的问题。同时，在个人陈述环节也出现了"只讲不听"的现象，即在经济体陈述立场时，过于专注准备本经济提案、发言，或因发言经济体较多、时间较长，对其他经济体的陈述缺乏注意。上述问题在不同程度上造成了沟通效率低的现象，对达成共识形成了一定的困难。

就"自由辩论"环节而言，各参赛选手根据自身经济体实力、提案情况，"选择"发言的时段。常见的有以下两种发言情况，分别是"中部发力"类与"总结发言"类。"中部发力"类是大多数选手选择的策略，即在一定数量经济体发言、会场内已达成一定共识的基础时，该类选手选择发言，对已达成共识进行总结，并陈述自身提案或将自身项目与对方提案结合，寻求最大限度的支持。"总结发言"类选手多与选择"中部发力"策略的选手类似，但往往受经济体大小或提案本身的限制，对自身提案提及频率较低。此类选手以会议发展作为目标，在各阶段经济体达成一定共识时，选择发言，对该阶段会议进程进行总结，并提出相关问题。在实际操作中，较多出现以下问题：缺乏对会议进程的把握、缺乏随机应变能力。表现为自由辩论环节念稿、写稿读稿（在模拟会议现场写稿，然后照稿念的情况，对选手自由辩论等能力训练有较大的影响）、读准备材料等现象。"缺乏对会议进程把握"主要指在推动会议进程方面所起效果较小，在模拟会议中表现为对议题理解偏差、相关话题不够细节，导致会议总体上是停滞的，在达成共识上有一定困难。

五、川外模拟 APEC社团发展历程及成绩

四川外国语大学模拟亚太经合组织，即SISU MODEL APEC，是以发展青年领导力、传播APEC知识为主旨的学术类社团。连续3年承办西部（西南）地区大会，承办1年MODEL APEC高校落地赛，迄今为止已经成功举办了多次模拟会议与学术活动。众多川外学子在国内MODEL APEC的比赛中取得了优异的成绩。（截至

2019年8月）

表6-7 川外模拟 APEC社团的办会历程与获奖情况

年份	办会历程	获奖情况
2016	西南地区赛	全国大会—全国四强
2017	西南地区赛	全国大会—优秀学术成果奖
2018	西部地区赛 四川外国语大学—重庆第二师范学院校际联合赛	全国大会—全国总冠军 国际化人才杰出培养基地
2019	高校落地赛	全国大会—全国二等奖 全国大会—最佳外交风采奖

附：问卷设计

川外模拟 APEC大会赛后问卷调查
SISU MAPEC Post-questionnaire Survey

您好！感谢您在百忙之中参与四川外国语大学"模拟亚太经合组织与人才培养研究"的问卷调查。由于问卷的填写是基于主观的判断，答案没有"正确"与"错误"之分。请根据您的真实体验作答。

我们郑重承诺：对于此次调查内容，不会涉及您的个人信息，保证对您的回答严格保密，问卷结果仅做学术研究使用。若需要，我们将向您汇报我们的整体研究成果！

十分感谢您的参与和支持！

问题反馈：hgrivan@stu.sisu.edu.cn

1.【单选题】您在校期间主修专业是否为外语类?

□ 是,具体专业为：_____

□ 否,具体专业为：_____

2.【单选题】您是否有过其他模拟国际组织的活动经历（例如,模拟联合国）?

□ 是,活动名称为：_____

□ 否

3.【单选题】您在参与MODEL APEC相关活动时的年级为

□ 本科一年级

□ 本科二年级

□ 本科三年级

□ 本科四年级

□ 研究生阶段

4.【多选题】您在参与活动前曾通过何种渠道进行议题准备?

□ APEC官网

□ 新闻门户网站

□ 背景文件

□ 经济体媒体

□ 社交媒体讯息

□ 其他_____（请列举）

5.【矩阵多选题】请评价以下相关资料对您了解该议题的作用

	非常有效	有效	一般	作用较少	没有作用
APEC官网					
新闻门户网站					
背景文件					
经济体媒体					
社交媒体讯息					

6.【多选题】前期准备环节面临的困难

☐ 缺乏对所代表经济体实际情况的了解

☐ 缺乏对APEC已完成项目的了解

☐ 不熟悉会议主题及具体内容

☐ 不熟悉会议词汇、句法、表达

☐ 收集资料与会议不切题

☐ 其他_____（请列举）

7.【单选题】根据自身经验，请选出您认为在正常活动中相较难度更大的一轮会议并提供简要的原因

☐ 第一轮个人陈述；原因：_____

☐ 第二轮自由辩论；原因：_____

8.【排序题】根据自身体验，将下列选项按"最难"到"最简单"排序

☐ 资料查找

☐ 会议礼仪

☐ 沟通技巧

☐ 发言用语

☐ 临场应变

9.【排序题】根据自身经验及MODEL APEC特点，将下列选项按重要程度，由"最重要"到"最不重要"进行排列

☐ 信息搜索能力

☐ 英语综合能力

☐ 交际表达能力

☐ 外交外事礼仪

全国大学生模拟金砖国家会议与国际组织人才培养

孙　晨　游　涵①

摘要： 全国大学生模拟金砖国家会议是由四川外国语大学首创，四川外国语大学国际关系学院、金砖国家研究院及模拟金砖国家协会共同打造的原创型模拟国际组织人才培养赛事。赛事以海纳百川、融通中外、精诚所至、金石为开为宗旨；以开放、包容、合作、共赢的金砖精神为指引，为中国参与全球治理及南南合作汇聚青年智慧，提出青年方案。

关键词： 大学生模拟金砖国家会议、国际组织人才、汇聚青年、方案

一、赛事简介

（一）大赛简介

全国大学生模拟金砖国家会议（以下简称"全国模金"），是由金砖国家智库合作中方理事会副理事长单位四川外国语大学发起，四川外国语大学国际关系学院、金砖国家研究院、模拟金砖国家协会共同承办的国内首创模拟金砖国家会议。

第一届全国大学生模拟金砖国家会议于2019年10月18日—20日在四川外国语大学召开，本次会议共由来自安徽大学、北京师范大学、广东外语外贸大学、青岛大学、上海对外经贸大学、四川师范大学、天津外国语大学、西安外国语大学、西南科技大学、西南政法大学、中国人民解放军国防科技大学、中国人民解

---

① 孙晨，华中师范大学政治与国际关系学院。游涵，四川外国语大学国际关系学院。

放军陆军工程大学及四川外国语大学等全国10余所高校在内的120余名学生参加本次会议。①

（二）首届大赛概况

中文全称：第一届全国大学生模拟金砖国家会议（2019）

英文全称：The First National Intercollegiate Model BRICS Conference（2019）

英文简称：NIMBRICS（2019）

时间：2019年10月18日—20日

主办方：四川外国语大学

承办方：四川外国语大学国际关系学院、四川外国语大学金砖国家研究院、四川外国语大学模拟金砖国家协会

大会理念：海纳百川、融通中外、精诚所至、金石为开

（三）大赛主题

第一届全国大学生模拟金砖国家会议以"推动经济增长，开创革新未来"为主题，议题紧扣2019年金砖国家领导人巴西利亚会晤的相关议程，主要涉及科技创新、数字经济、新开发银行、打击跨国犯罪、高等教育合作等方面。会议共设置金砖国家领导人峰会、金砖国家部长级会议、金砖国家工商论坛、新兴市场国家与发展中国家对话会、主新闻中心五大委员会，参会学生将分别扮演金砖国家领导人、外交部部长、财政部部长、科技部部长、教育部部长、移民事务负责人、工商界代表、新兴市场国家与发展中国家代表、新闻记者等，遵循一定的规则，进行文件写作、立场发言、提案磋商、谈判博弈、社交互动、新闻采访等活动，以培养学术研究能力、沟通协作能力、领导力等当代青年学子所必需的能力与素质。

---

① http://www.sisu.edu.cn/info/1033/2676.htm

（四）各委员会议题

1. 模拟领导人峰会

Theme: "BRICS: Economic Growth for an Innovative Future"

中文："金砖国家：推动经济增长，开创革新未来"

2. 模拟部长级会议

议题一：加强打击跨国犯罪合作（外交部部长、移民事务负责人）

议题二：深化金砖国家新开发银行（NDB）等合作（财政部部长）

议题三：科技创新与第四次工业革命（科技部部长）

议题四：高等教育合作（教育部部长等）

3. 模拟新兴市场国家与发展中国家对话会

议题：金砖国家与新型南南合作

4. 模拟金砖国家工商论坛

议题："互联网+时代"的数字经济发展

二、赛事设置

（一）模拟领导人峰会（Model BRICS Summit）

1. 领导人峰会简介

领导人峰会为金砖国家会议的核心会议与最高平台。参会代表将模拟金砖国家领导人进行会晤磋商，并对部长级会议、金砖国家工商论坛及主新闻中心有一定的影响力。对领导人的模拟者有着较高的领导力、组织力、谈判力、研究力等综合素质的要求，相应地也更能集中展示模拟者的才华与能力。

2. 与会代表

金砖国家领导人、金砖国家外交部部长、金砖国家财政部部长、金砖国家科技部部长、金砖国家教育部部长、金砖国家移民事务负责人。

（二）模拟新兴市场国家与发展中国家对话会（Model Dialogue of Emerging Market and Developing Countries）

1. 对话会简介

新兴市场国家与发展中国家对话会是金砖国家会议涉及国别最多的会议。参会代表将模拟新兴市场国家与发展中国家代表进行发言，并沟通金砖国家领导人峰会。对模拟者的演讲能力、公关能力等综合能力有着较高要求，相应地也能更集中地展示其才华与能力。

2. 与会代表

金砖国家领导人、新兴市场国家与发展中国家领导人。

（三）模拟各部长级会议（Model Ministerial Meeting）

1. 部长级会议简介

部长级会议为金砖国家会议联动机制的集中体现。参会代表将模拟金砖国家各部部长进行会晤磋商，并沟通领导人峰会。其独特的灵活性、多边性将充分体现各部部长的特色职能，对各职能部长的模拟者有着较高的公关力、谈判力、组织力等综合素质的要求，相应地也能更集中展示其才华与能力。

2. 与会代表

金砖国家外交部部长、金砖国家财政部部长、金砖国家科技部部长、金砖国家教育部部长、金砖国家移民事务负责人。

（四）模拟金砖国家工商论坛（Model BRICS Business Forum）

1. 金砖国家工商论坛简介

金砖国家工商论坛是金砖国家会议中规模最大、参会代表最多的会议。参会代表将模拟金砖国家工商界代表进行发言，积极联动其他各级会议议程。对各工商代表的模拟者的演讲能力、公关能力等综合能力有着较高要求，相应地也能更集中地展示其才华与能力。

2. 与会代表

金砖国家、新兴市场国家与发展中国家工商界代表。

（五）模拟主新闻中心（Model Main Press Centre）

1. 中心简介

主新闻中心为金砖国家会议的特色组织，参会代表将模拟金砖国家权威媒体记者及其他国际权威媒体记者。

设置主新闻中心旨在提高模拟金砖国家会议仿真度，有助于展示媒体记者的沟通表达能力、应急反应能力等综合素质，同时深入呈现国际传媒的重要作用。

2. 中心职能

（1）发布会议动态

主新闻中心下的各个国家的新闻机构通过旁听会议、采访代表、撰写新闻稿等活动了解会议进程，同时在自由磋商环节观察各集团动向，通过新闻媒体传递会议动态、推动会议进程。

（2）维护国家利益

新闻媒体本质上是维护本国的国家利益，在会场上媒体记者应与本国代表保持良好的沟通，明确本国基本立场和利益归属，通过舆论维护国家利益。

（3）联动各级会议

模拟金砖国家会议包括金砖国家领导人峰会、金砖国家部长级会议、新兴市场国家与发展中国家对话会、金砖国家工商论坛，主新闻中心通过直接与间接的方式与各级会议沟通，增加会议联动性。

三、赛事规则——以模拟领导人峰会为例

（一）赛制简介

正式峰会会期（Official Session）共有三场，分别为第一次、第二次、最后一次正式峰会会期（First & Second & Final Official Session）。

第一次正式峰会会期（First Official Session）由金砖国家领导人及其工作人员出席，第二次、最后一次正式峰会会期（Second & Final Official Session）由金砖国家全体代表共同出席。各会场内将设置主席承担主持会议、引导程序等职责，并

拥有对学术规则的最终解释权。

（二）第一次正式峰会会期流程

第一次正式峰会会期共分三个环节，依次为开幕致辞、立场陈述、非正式辩论（有组织核心磋商+自由磋商）。

（1）开幕致辞（5分钟）

东道国国家领导人致辞，对各国与会领导人表示欢迎并介绍此次峰会主题背景及议题。

（2）立场陈述（5×3分钟，15分钟）

各国领导人对峰会议题（可从政治、经济、科技、教育和文化等方面）进行3分钟左右的综合性阐述与演讲，表述本国观点立场。

针对此环节，各国应提交相应立场文件，供"立场陈述"使用。

立场文件

每位代表需在会前针对议题提交相应的第一次正式会期立场文件，对本国的基本立场做出简明扼要的阐述。

开头要写明：**委员会、代表国别、代表职位、议题、姓名等。**

首先要概括介绍本议题在当前国际社会的状况，让与会代表对整体情况有大致的了解；其次要介绍本国的态度和采取过的行动，要避免冗长的罗列，以表达立场为目的；最后要详尽阐述本国的立场、观点和计划采取的行动，需要真实、有可行性，用最简单的语言总结本国最基本的立场观点。

立场文件提交

请在完成第一次正式会期立场文件后将文件名命名为**"XX委员会：国别+代表职位+中文姓名"**（如领导人峰会委员会：巴西总统+李明），并于正式会期开始20日前提交第一次正式会期立场文件。

*组委会将立场陈述编辑成册于会前分发至各代表，以供国家之间互相了解基本立场。

（3）非正式辩论（65分钟）

非正式辩论包括自由磋商（5分钟）、有组织核心磋商（50分钟）、自由磋商（10分钟）。

①自由磋商（5分钟）

该环节各国与会人员可自由离席与他国就立场文件提及问题进行商讨和条件妥协。

②有组织核心磋商（5×10分钟，50分钟）

A. 本环节各国总发言时长为10分钟，不限制总发言次数。各代表团内所有代表均可发言。

某国代表一旦发言，计时开始；当其发言停止，计时结束。

各代表发言次数不限，总时长为10分钟。当所有国家发言时间耗尽，该环节结束。（让渡时间阶段中若让渡给问题，提问问题不计时）

B. 该环节以主席随机抽点一国代表发言开始。

发言规则

①若先发言国代表对他国的立场陈述进行提问，被提问国必须在提出问题国代表发言结束后发言回应；

②若被提问国发言结束后有他国代表发言，该国代表应事先将国家牌竖直立起，以便主席决定发言顺序；

③若先发言国代表并未对他国陈述进行提问，在其发言结束后有他国代表发言，则应事先将国家牌竖直立起，以便主席决定发言代表。

*本环节各代表的发言效率比、总发言次数等将作为主席考察评分的重要指标。

C. 若一国代表均已发言完毕，仍有相应的剩余时间，则该国代表可进行让渡时间（仅在有组织核心磋商总发言时长的10分钟内）。

让渡原则

a. 让渡给他国。被让渡国家派代表进行发言，该国不可二次让渡时间，若被让渡国家代表发言结束后仍有剩余时间，时间将被归零，主席继续主持会议。

b. 让渡给评论。一旦代表将剩余时间让渡给评论，主席会请需要评论的代表举牌，并随机点出代表进行评论，让渡国代表没有权利再一次进行观点的陈述或者对评论进行反驳。所让渡总时长用完，评论停止。

c. 让渡给问题。主席将请需要提问的代表举牌，并随机点出代表进行提问，提问时间不占用已让渡剩余总时间。让渡国代表在让渡剩余总时间内回答任何被提出的问题。只计回答问题时间，不计提问问题时间。所让渡总时长用完，停止发言。

d. 让渡给主席。此举等同于自动放弃时间，主席继续主持会议。

---

③自由磋商（10分钟）

该环节各国与会人员可自由离席与他国进行议题商讨和条件妥协。与会代表应注意各国协商一致原则，达成共识，以便最终形成共同宣言。

（三）第二次正式峰会会期（Second Official Session）

第二次正式峰会会期（Second Official Session）共分两个环节，依次为立场陈述、非正式辩论（有组织核心磋商+自由磋商）。

该会期流程与第一次正式峰会（First Official Session）基本一致。除无第一项东道国开幕致辞外，第二项立场陈述环节各国应增加对第一正式峰会的回顾总结，同时陈述本国立场。

（四）内部联席会议

此会议将在指定的会场召开，每国拥有一独立会场。此为各国内部进行的联席会议，由领导人负责召开。用于在正式会议暂停时本国各代表互相通报信息、讨论、调整、协调立场与策略。此会议无主席主持，允许走廊外交、穿梭外交等，组委会负责维持秩序。

与此同时，各国可于本环节向组委会申请展开双边或多边会晤。

（五）最后一次正式峰会会期（Final Official Session）

最后一次正式峰会会期（Final Official Session）共分五个环节，依次为立场陈述、非正式辩论（有组织核心磋商+自由磋商）、宣言表决、宣言签署、闭幕致辞。

本会议不同于前两个正式会期，将由全体金砖国家代表出席，并对宣言内容进行一国一票表决。

（1）立场陈述（15分钟）

各国领导人对峰会全部议题进行3分钟左右的综合性阐述与演讲，表述本国最终立场。

（2）非正式辩论（25分钟）

①有组织核心磋商（5×4分钟，20分钟）

除各国发言总时长变为4分钟外，其余规则遵循第一次、第二次正式会期相应环节。

②自由磋商（5分钟）

该环节各国与会人员可自由离席与他国进行议题商讨和条件妥协。与会代表应注意各国协商一致原则，达成共识，以便最终形成共同宣言。

（3）宣言表决（10分钟）

各国对共同宣言草案进行一国一票表决（每国国内应当协同一致，达成一致意见）。

全票通过的条款写入共同宣言，未能全票通过的条款写入备忘录。

（4）宣言签署（5分钟）

金砖国家领导人进行共同宣言的签署仪式。

（5）闭幕致辞（5分钟）

东道国国家领导人致闭幕词，会议正式结束。

（后附：领导人峰会流程简表）

附：领导人峰会流程简表

会期	环节		代表
第一次	开幕致辞（5分钟）		东道国国家领导人
	立场陈述（15分钟）		金砖国家领导人
	非正式辩论（65分钟）	①自由磋商（5分钟） ②有组织核心磋商（50分钟） ③自由磋商（10分钟）	金砖国家领导人
第二次	立场陈述（15分钟）		金砖国家领导人
	非正式辩论（65分钟）	①自由磋商（5分钟） ②有组织核心磋商（50分钟） ③自由磋商（10分钟）	金砖国家领导人 金砖国家各部部长 金砖国家工商代表
	新闻发布会（30分钟）		各国外交部部长 主新闻中心记者
第三次	立场陈述（15分钟）		金砖国家领导人
	非正式辩论（25分钟）	①有组织核心磋商（20分钟） ②自由磋商（5分钟）	金砖国家领导人 金砖国家各部部长 金砖国家工商代表
	宣言表决（10分钟）		金砖国家领导人
	宣言签署（5分钟）		金砖国家领导人
	闭幕致辞（5分钟）		东道国国家领导人

资料来源：笔者自制

四、代表技能

（一）语言技能

1. 巴西联邦共和国

主要工作语言：葡萄牙语

辅助工作语言：英语

代表	主要工作语言	辅助工作语言
巴西总统	葡萄牙语	英语
巴西外交部部长	葡萄牙语	英语
其他部长级官员	英语	葡萄牙语
巴西工商界代表	英语	葡萄牙语
记者	英语	葡萄牙语

2. 俄罗斯联邦

主要工作语言：俄语

辅助工作语言：英语

代表	主要工作语言	辅助工作语言
俄罗斯总统	俄语	英语
俄罗斯外交部部长	俄语	英语
其他部长级官员	英语	俄语
俄工商界代表	英语	俄语
记者	英语	俄语

3. 印度共和国

主要工作语言：印地语

辅助工作语言：英语

代表	主要工作语言	辅助工作语言
印度总理	印地语	英语
印度外交部部长	英语	印地语
其他部长级官员	英语	印地语
印度工商界代表	英语	印地语
记者	英语	印地语

4. 中华人民共和国

主要工作语言：英语

辅助工作语言：中文

代表	主要工作语言	辅助工作语言
中国国家主席	中文	英语
中国外交部部长	英语	中文
其他部长级官员	英语	中文
中国工商界代表	英语	中文
记者	英语	中文

5. 南非共和国

主要工作语言：英语

代表	主要工作语言	辅助工作语言
南非总统	英语	
南非外交部部长	英语	
其他部长级官员	英语	
南非工商界代表	英语	
记者	英语	

6. 新兴市场国家与发展中国家

主要工作语言：英语

代表	主要工作语言	辅助工作语言
领导人	英语	
各部长级官员	英语	
各工商界代表	英语	
记者	英语	

备注：大赛会场将设置葡萄牙语—英语、俄语—英语同传翻译，充分发挥主办方语言优势，打破语言壁垒，实现高水平、全仿真模拟金砖国家会议。

（二）文件写作技能——以文件政策为例

1.《金砖国家领导人共同宣言》*BRICS Leaders Declaration*

起草委员会：领导人峰会委员会

签署人：金砖国家领导人

表决会议：领导人峰会最后一次正式会期

草案提交截止：领导人峰会第二次正式会期

格式参考：*BRICS Leaders Xiamen Declaration*（Xiamen, China, September 4, 2017）

2.《新兴市场国家与发展中国家对话会主席声明》*Chair's Statement of the Dialogue of Emerging Market and Developing Countries*

起草委员会：新兴市场国家与发展中国家对话会委员会

签署人：金砖国家领导人、新兴市场国家与发展中国家领导人

表决会议：新兴市场国家与发展中国家对话会第三次正式会期

草案提交截止：新兴市场国家与发展中国家对话会第二次正式会期

格式参考：*Chair's Statement of the Dialogue of Emerging Market and Developing Countries*（Xiamen, China, September 5, 2017）

五、奖项设置

（一）奖项设置一览

1. 个人奖项

最佳代表：Best Delegate

杰出代表：Outstanding Delegate

荣誉提名：Honorable Mention

最佳立场文件：Best Paper

最佳记者：Best Journalist

杰出记者：Outstanding Journalist

2. 团体奖项

最佳代表团：Best Delegation

杰出代表团：Outstanding Delegation

（二）附：第一届全国大学生模拟金砖国家会议获奖名单

团体奖项		
最佳代表团	Best Delegation	阿拉伯埃及共和国代表团
最佳代表团	Best Delegation	印度共和国代表团
杰出代表团	Outstanding Delegation	巴西联邦共和国代表团
杰出代表团	Outstanding Delegation	泰王国代表团
个人奖项		
最佳代表	Best Delegate	林庭均	广东外语外贸大学
		倪烯瑞	四川师范大学
		许函睿	四川外国语大学
		胡珊	西南科技大学
		张蕾	四川外国语大学
		唐隽	四川外国语大学
杰出代表	Outstanding Delegate	陈蓉	上海对外经贸大学
		陈书臻	国防科技大学
		陈加敏	上海对外经贸大学
		伊力扎提	国防科技大学
		谢卓珺	西南科技大学
荣誉提名	Honorable Mention	张轶涵	天津外国语大学
		徐佩培	青岛大学
		刘梦甜	北京师范大学
		朱少华	国防科技大学
		何婷婷	四川外国语大学

个人奖项			
最佳立场文件	Best Paper	李昕阳	天津外国语大学
		刘好	西南科技大学
		肖钰	北京师范大学
		杨雪茹	国防科技大学
		石瑶	北京师范大学
		徐彦僖	四川外国语大学

华语辩论世界杯赛事与国际化人才培养

孔傲翀[①]

摘要：辩论赛一直是高等院校内莘莘学子钟爱的课外活动之一。辩论赛本身注重语言的逻辑性和规范性，同时也有助于高等院校学生批判性思维的构建和话语逻辑性及规范性的提高。参加辩论赛有助于学生知识维度、心理素质、批判性思维和独立思考能力的发展与建立，因此，辩论赛活动对高等院校学生的素质培养具有极为重要的意义。本文以华语辩论世界杯和世界华语辩论锦标赛为例，在明确辩论赛流程的同时介绍参与辩论赛所需的能力要求，力求为当代大学生在校园辩论赛的参与和学习上提供一些参考。

关键词：校园辩论赛、学生赛事、批判性思维、辩论赛

一、赛事简介

（一）华语辩论世界杯赛事由来

华语辩论世界杯，英文名称为：Chinese Debate World Cup，英文缩写为：CDWC。始创于2012年，在多年的运营中受到了共青团中央、全国学联、北京团市委、北京市学联、国际关系学院等单位的关心和支持，形成了由共青团中央学校部、全国学联秘书处等部门共同指导，国际关系学院主办，华语辩论世界杯组委会及其他社会组织联合承办，各队共同参与的组织形式。赛事以传播社会主义核心价值观，提升青年文化活动层次，传递青年正能量，促进地区间青年交流，

---

① 孔傲翀，重庆理工大学计算机科学与工程学院，此篇为作者就读于四川外国语大学时所作。

培养青年精英为根本宗旨，以汉语为桥梁，在世界范围内传播中华文化，促进世界青年的思想碰撞和文化交流。

华语辩论世界杯以英超联赛（Premier League）等职业体育赛事为模板，将竞技体育的运营理念移植到高校辩论活动中，结合校园特点和社会热点，邀请高校教授、文化名流、行业泰斗、当红明星、青年KOL等担任评委和嘉宾，立志将传统的校园辩论赛事引向更加专业化、社会化、国际化的发展模式，目前已建立起联赛杯—华语辩论世界杯分赛区赛—华语辩论世界杯全球总决赛三级比赛体系，将传统辩论赛事引向专业、成熟的发展模式。

华语辩论世界杯赛程从每年3月开始至次年1月结束，并于每年4月举办总决赛，是行业影响力最高、覆盖范围最广、持续周期最长、参赛人数最多的国际青年辩论赛事。赛事覆盖15个国家和地区，国内运营赛区31个：北京、上海、保定、重庆、香港、成都、大连、福州、广州、桂林、哈尔滨、杭州、贵阳、合肥、呼和浩特、济南、兰州、厦门、南昌、沈阳、太原、天津、武汉、西安、烟台、海南、长春、长沙、郑州、珠海、共青城等，海外赛区包括美国、英国、加拿大、俄罗斯、埃及、韩国、马来西亚、新加坡、澳大利亚等，每年1000场校园实体比赛，超2000名辩手登场参赛，影响1200万在校大学生。

华语辩论世界杯作为一项青年思想交流活动，是世界范围内青年精英学习思辨的一次有益尝试。通过深受广大青年喜爱的辩论赛形式，汇集海内外知名院校及社会知名企业，广泛邀请千万青年精英共同参与。该赛事用现代化的手段、新颖的活动形式，在辩论中求同存异，展现当代青年主流的价值取向和"昂扬向上、锐意进取"的精神风貌，是一项富有重要现实意义的社会活动。赛事注重时代特色、创新精神和青春品位的融合，以拓展青年学子视野，促进青年学子成长为更高的追求。①

---

① 详见华语辩论世界杯官网赛事简介。http://www.cdwc.org.cn/events/intro/. 登录时间 2020 年 3 月 4 日。

（二）华语辩论世界杯历史发展

华语辩论世界杯始创于2012年年末，前身为"辩响坡上·辩论黄金联赛"。2013年赛季的比赛分春秋两季进行，春季赛于2013年3月12日正式拉开大幕，最初的参赛队伍仅来自北京一地，包括清华大学、北京交通大学、国际关系学院等在内的8支队伍报名参加，最终中国青年政治学院获得冠军、清华大学获得亚军。同年秋季，黄金联赛规模扩充至10支，最终清华大学获得冠军、首都师范大学获得亚军。

2014年黄金联赛迎来重要变革。首先，北京赛区队伍规模进一步扩充，由10支进一步扩大至16支，比赛也从上一年度的春秋两季改为以自然年为周期的全年性辩论联赛，同时引入升降级、老兵、转会等制度；其次，2014年8月25日西安赛区正式成立，西安赛区的成立是黄金联赛由地区性比赛向全国性比赛转变的关键一步；7天之后，天津赛区正式成立；1个月之后，长春赛区正式成立。短短一个半月的时间黄金联赛相继建立三大分赛区，这使所有人相信，黄金联赛这一打破传统的联赛模式是极具生命力的，同时在全国范围内黄金联赛也具有推广的可能性。

2015年1月1日，黄金联赛迎来比赛之外的一个重要合作伙伴——春晖博爱儿童救助公益基金会，该基金会成为赛事的公益合作伙伴。黄金联赛在赛事拓展方面迎来了一个爆发期，1月28日长沙赛区成立、2月1日兰州赛区成立、2月4日大连赛区成立、3月1日哈尔滨赛区成立、3月3日沈阳赛区成立、9月4日南昌赛区成立、10月19日杭州赛区成立，一年之内7大赛区相继成立。

同年7月18日—20日，黄金联赛举办第一届冠军杯，即"2015辩论黄金联赛·冠军杯"，比赛会聚了来自北京、天津、西安、长春四大赛区2014赛季的优胜队伍以及香港大学、澳门科技大学，共计12支代表队参加，经过3天的激烈角逐，天津大学最终在决赛的舞台上击败中国人民大学问鼎桂冠。

2016年5月4日晚，辩论黄金联赛·2016华语辩论世界杯决赛暨闭幕式在国际关系学院举行。由北京师范大学和中国人民大学进行最终角逐。两所高校的辩手就"驾考合一还是自学直考更有利于培养合格的汽车驾驶员"展开了激烈辩论。最终北京师范大学以24.5∶2.5的比分战胜中国人民大学，夺得辩论黄金联赛·2016华语辩论世界杯总冠军。

辩论黄金联赛·2016华语辩论世界杯于4月28日—5月4日在北京举行，本次大赛以高校在校生为参与主体，以传播华语辩论为主题，紧握时代脉搏，通过青年的声音，传递华语辩论及其思辨精神。共有来自全球4个大洲、6个国家共计32支队伍参加比赛。①

2017年5月7日下午，2017华语辩论世界杯决赛暨闭幕仪式在北京举行。经过激烈交锋，最终，新加坡国立大学以15∶6战胜北京师范大学，夺得华语辩论世界杯冠军。

作为华语辩论领域最具影响力的赛事，本场决赛评委阵容强大：国际大专辩论赛冠军教练韩鹏杰；中国青少年研究会副秘书长黎陆昕、凤凰网总编辑邹明、央视知名电视主持人路一鸣、国际关系学院副教授储殷等。圈内名人、业界大咖齐聚华语辩论世界杯，共同见证这一辩论圈的盛事和最终冠军的诞生。

2017华语辩论世界杯，吸引了来自中国、中国香港、马来西亚、新加坡、澳大利亚和加拿大共6个国家和地区的队伍参加。赛事从2016年3月开始预选，历时一年，超过300支队伍参与，最终中国人民大学、北京师范大学、天津大学、浙江大学、上海交通大学、复旦大学、马来亚大学和新加坡国立大学等32支国内外知名高校晋级华语辩论世界杯决赛圈。经过为期9天的赛事，最终，新加坡国立大学以7战全胜的成绩夺得冠军，四辩王肇麟夺得全程最佳辩手。

华语辩论世界杯以"青年连接世界"为口号，致力于打造一个"让世界听见青年，让青年听见世界"的交流平台。本届赛事期间，邀请到了著名演员、《人民的名义》里"欧阳行长"的扮演者岳秀清老师，以及知名网络综艺《奇葩说》第三季冠军黄执中，到现场与同学们座谈。②

---

① 人民网.全球4大洲6国32支队伍参加2016华语辩论世界杯。http://world.people.com.cn/n1/2016/0505/c190970-28327251.html.登录时间2020年3月4日。

② 新华网.华语辩论世界杯落幕，新加坡国立大学夺冠。http://sg.xinhuanet.com/2017-05/08/c_129594678.htm.登录时间2020年3月4日。

2018年4月21日，华语辩论世界杯决赛暨《最强辩手》海选赛在国家游泳中心水立方进行，对阵双方为哈佛耶鲁联队和中国人民大学，双方就"21世纪青年人，做加法还是做减法更幸福"这一题目进行辩论，最终哈佛耶鲁联队以15：6的比分赢得比赛，夺得2018华语辩论世界杯的冠军。

2018华语辩论世界杯共有来自5大洲8个国家的48支队伍，哈佛大学、耶鲁大学、新加坡国立大学和清华大学等国内外名校均参与其中，全部340名参与选手中，18人为外籍，其中莫斯科国际关系学院（俄罗斯）和艾因夏姆斯大学（埃及）均以本国选手为主要参赛阵容。通过辩论，推动汉语在世界范围内产生更大影响，传递中华文化。同时，组委会邀请业内专家，紧跟发展前沿，精选时事热点设置辩题。如新零售是不是商业模式革命、"佛系"标签对青年成长是利是弊、"焦虑营销"是否道德、中国式烧钱营销是不是可取的竞争手段、短视频的火爆是精神文化丰富还是匮乏的体现……成为本赛事讨论的焦点。

2019年5月31日下午，由国际关系学院和《环球人物》杂志社共同主办，察哈尔学会等机构支持的2019华语辩论世界杯闭幕式暨首届环球青年思想对话大会在人民日报社国际学术报告厅举行。

正方东吴大学辩论队与反方中国人民大学辩论队就"过程/结果更能体现青年人奋斗的价值"的辩题展开了激烈辩论，从不同维度阐述青年的思考，发出青年的声音。最终反方中国人民大学辩论队摘得了比赛的冠军，来自东吴大学的林圣伟同学获得年度"最佳辩手"。

决赛点评阶段，7位评委就这一辩题发表了自己的观点，并对各位辩手的精彩表现进行了点评，表达了对华语辩论世界杯这一平台为华语的推广和青年的成长所做贡献的感谢，并呼吁青年也要做出对自己奋斗价值的判断，进行自己的思考。①

①　《中国青年报》：2019 语辩论世界杯闭幕式暨首届环球青年思想对话大会在人民日报社举行．https://baijiahao.baidu.com/s?id=1635362123404774296&wfr=spider&for=pc. 登录时间 2020 年 3 月 4 日。

（三）世界华语辩论锦标赛赛事由来

世界华语辩论锦标赛是由南京审计大学（简称南审）君和思辩社主办的辩论赛，简称华辩世锦赛，自2011年首届比赛至今，已成功举办9届。

近年来，一方面思维活跃、喜爱辩论的大学生越来越多，另一方面高水平高质量的辩论赛事却凤毛麟角，辩手们需要一个广阔的平台展示自己敏锐深刻的思维，大学生对于建立一个真正以思辩为核心的比赛平台的呼声越来越强烈。

在这样的背景下，君和思辩社以邀请赛的方式，成功举办第一届以及第二届世界华语辩论锦标赛，在国内外的优秀辩手之间搭建起交流平台，君和亦因此赢得了来自海内外诸多高校的盛赞。为了进一步扩大比赛影响力，让更多高校能够走上国际舞台，自第三届开始，改邀请制为选拔制（港澳及海外地区仍采用邀请制），在全国范围内，对上百所高校进行历时一年的选拔，最终有16所高校来到南审大本营进行总角逐。

（四）世界华语辩论锦标赛历史发展

2009年4月，君和思辩社以社团名义承办省级辩论交流赛——江苏名校辩论邀请赛。本次比赛，比赛质量获得广泛认可，众多留存视频成为辩论爱好者学习范本，组织工作更是得到省内高校的认可和接受。

2009年11月，君和思辩社举办君和国际辩论群英会，本次活动获得南审"十佳社团活动"称号，来自江苏南京、苏州，安徽、广东，香港、澳门、台湾，以及新加坡等地的明星辩手齐聚南审，敏达报告厅一座难求。在江苏省，乃至全国范围的高校辩论圈内，君和思辩社成为最具影响力的社团组织之一。

2010年3月，华东名校辩论邀请赛逐渐扩大比赛辐射范围，成为整个华东地区的华语辩论赛的标杆，本次比赛使君和思辩社获得全国各校的认可，为扩大比赛规模和影响力树立了良好口碑。

2011年3月，第一届华语辩论锦标赛，在经过两年的前期经验积累，高校资源整合之后，君和思辩社正式将搭建世界辩论舞台的梦想付诸实践。来自全国的9所名校齐聚南审，唇枪舌剑一如当年国辩之势。本届比赛获得国内外的一致好评，华语辩论锦标赛成为辩论圈内公平、公正、公开精神的象征。同时，南审校辩论队在本届比赛中披荆斩棘，力克劲敌，夺得季军。

2012年4月，第二届华语辩论锦标赛，从本届比赛开始，君和正式邀请港澳台及海外队伍参赛，实现了搭建公平、公开、公正辩论交流舞台的承诺，成为华语辩论赛事的标杆，迈出了走向世界的步伐。南审校队在本届比赛中脱颖而出，夺得亚军。

2013年4月，第三届华语辩论锦标赛不再采用纯邀请制，而首次试行"邀请+报名"选拔相结合的方式产生参赛队伍。在中国大陆地区实行报名选拔赛制，选拔赛参赛学校数目将近140所。在海外地区仍保留邀请制。最终南审披荆斩棘，夺得季军。

2014年4月，第四届世界华语辩论锦标赛与以往不一样，在海内外都完全采用选拔制。并且此届华辩除了澳洲赛区、东南亚赛区、欧洲赛区、香港赛区、澳门赛区、北京赛区、上海赛区、苏皖赛区、天津赛区、福建赛区10个实体赛区外，还有君和思辩社自己承办的网辩赛区，其中网辩赛区共涵盖66所高校，覆盖范围十分广。此次比赛共计204所高校参与选拔，最终南审再创佳绩，再次获得季军。

2015年4月，第五届世界华语辩论锦标赛如约举办。在以往赛制基础上，此次比赛首次开创了"奇袭"赛制——指的是整场比赛中双方各有一次向对方进行质询或申论以达到攻击目的的机会（"奇袭"赛制在后来的《奇葩说》第二季等节目中还被引用）。除了全新的奇袭赛制之外，本次比赛还在苏皖赛区开设独立院校报名参赛试点，凡满足报名要求的独立院校均有机会参赛，这就使得比赛的选拔范围进一步扩大，吸引了更多优秀的队伍前来参加比赛。据统计，海内外共有246所高校参加了本次比赛，参赛学校数量是历届比赛中最多的一次。最多辩论圈重量级评委和最多参赛学校，体现了世锦赛影响力的日渐扩大。

2016年4月，第六届世界华语辩论锦标赛涵盖了亚、欧、澳、北美洲（包括港澳台地区）的307所高校，最终16支队伍从各赛区脱颖而出，齐聚南审，共同参与此次盛大的赛事。同时，本届世锦赛采用"参赛队推荐+评委团筛选"的模式进行辩题选择，集思广益，使得辩题质量稳步提升。

2017年4月，第七届世界华语辩论锦标赛参赛学校数量再创新高，大陆地区首次突破300所，全球报名队伍总数达388所。本届世锦赛首次与《人民日报》客户端合作主办，由《人民日报》客户端全程直播，直播平台累计观看量达2000万人次，世锦赛的影响力进一步扩大。同时，本届世锦赛制定了异议申诉制度，进一步力保比赛的公平公正。

2018年5月1日，第八届世界华语辩论锦标赛在南京市建邺区完美收官。经过初赛、复赛的激烈比拼，最终，南京大学代表队摘取桂冠，天津大学代表队获得亚军，华中科技大学代表队和悉尼大学代表队共同获得季军。爱丁堡大学赖长生、天津大学于江浩共同获得"全程最佳辩手"的称号，"决赛最佳辩手"被南京大学廖彦霖斩获，"决赛人气辩手"被授予于江浩。

2019年4月28日，第九届世界华语辩论锦标赛决赛在江苏南京打响。来自4大洲的535支参赛队，经过30个赛区的层层选拔，决出32支队伍。最终西南政法大学获得冠军，清华大学获得亚军。[①]

二、比赛流程

（一）华语辩论世界杯赛制

1. 正方一辩发言，时间为3分30秒。

2. 反方二辩质询正方一辩，共计时2分钟。回答方只能作答不能反问，质询方可以打断，但回答方拥有5秒保护时间，保护时间内质询方不得打断。

3. 反方一辩发言，时间为3分30秒。

4. 正方二辩质询反方一辩，共计时2分钟。回答方只能作答不能反问，质询方可以打断，但回答方拥有5秒保护时间，保护时间内质询方不得打断。

---

① 本节内容根据世界华语辩论锦标赛微信公众号推送，华语辩论网新闻，新华社、人民网等相关媒体报道整理而成。

5. 反方二辩就质询内容进行小结,时间为1分30秒。

6. 正方二辩就质询内容进行小结,时间为1分30秒。

7. 正方四辩与反方四辩进行对辩,时间各1分30秒,双方以交替形式轮流发言,辩手无权中止对方未完成之言论。双方计时将分开进行,一方发言时间完毕后另一方可继续发言,直到剩余时间用完为止,由正方开始。

8. 正方三辩盘问,时间为1分30秒,三辩可以质询对方除三辩外任意辩手,答辩方只能作答不能反问,答辩方不计入总时间,而质询方有权在5秒保护时间结束后打断答辩方发言。

9. 反方三辩盘问,时间为1分30秒,三辩可以质询对方除三辩外任意辩手,答辩方只能作答不能反问,答辩方不计入总时间,而质询方有权在5秒保护时间结束后打断答辩方发言。

10. 正方三辩盘问小结,时间为1分30秒。

11. 反方三辩盘问小结,时间为1分30秒。

12. 自由辩论,时间各4分钟。由正方开始发言。发言辩手落座为发言结束即为另一方发言开始的计时标志,另一方辩手必须紧接着发言;若有间隙,累积时照常进行。同一方辩手的发言次序不限。如果一方时间已经用完,另一方可以继续发言,也可向主席示意放弃发言。

13. 反方四辩总结陈词,时间为3分30秒。

14. 正方四辩总结陈词,时间为3分30秒。

(二)华语辩论世界杯赛程

1. 分赛区一般由至少8所学校组成,例如2018年华语辩论世界杯重庆赛区参赛学校为重庆大学、西南大学、西南政法大学、重庆工商大学、重庆邮电大学、重庆科技学院、重庆师范大学、重庆第二师范学院。分赛区经过7轮比赛后,胜负积分排名第一的学校即可参加4月在北京举办的全球总决赛。

2. 总决赛由48支队伍通过抽签被分成16个小组,每个小组3支队伍,进行分组积分赛,各个小组第一名共16支队伍将获得出线资格;小组出线后,16支队伍按照既定赛程，不再抽签，进行单败淘汰赛，直至决出冠军。

2019华语辩论世界杯总决赛部分辩题

1. "德云女孩"现象是传统相声复兴/衰落的表现
2. 归化运动员有利于/不利于中国体育的发展
3. 人工智能辩手的出现将是人类辩手之悲/之喜
4. 传播中国酒文化，更应依靠"吆喝"/"酒香"
5. 针对偶像明星的鬼畜文化是/不是网络暴力
6. 互联网行业中，"996"工作制合理/不合理
7. "碰瓷式维权"应该/不应该被法律保护
8. "小额信贷"对大学生消费行为的影响利大于弊/弊大于利
9. "知识付费"能/不能缓解年轻人的焦虑
10. 年轻人更应该懂得逼自己一下/放自己一马

（三）世界华语辩论锦标赛赛制

1. 正方一辩进行开篇立论，时间为3分30秒。

2. 反方一辩盘问正方一辩，时间为1分30秒，反方一辩手须针对正方一辩的立论进行针对性盘问。答辩方只能作答不能反问，而质询方有权在任何时候中止答辩方。

3. 反方一辩进行开篇立论，时间为3分30秒。

4. 正方一辩盘问反方一辩，时间为3分30秒。正方一辩手须针对反方一辩的立论进行针对性盘问。答辩方只能作答不能反问，而质询方有权在任何时候中止答辩方。

5. 反方二辩进行驳论或继续陈词，时间为2分30秒。

6. 正方二辩进行驳论或继续陈词，时间为2分30秒。

7. 正方二辩对辩反方二辩，时间各1分30秒，双方以交替形式轮流发言，辩手无权中止对方未完成之言论。双方计时将分开进行，一方发言时间完毕后另一方可继续发言，直到剩余时间用完为止。

8. 正方三辩盘问反方一、二、四辩之间任意辩手，时间为2分30秒，盘问方可以任意时间打断，被盘问方不得反问。

9. 反方三辩盘问正方一、二、四辩之间任意辩手，时间为2分30秒，盘问方可以任意时间打断,被盘问方不得反问。

10. 正方三辩小结,时间为1分30秒。小结是对质询环节的总结,需针对质询时的交锋内容与回答进行反驳。

11. 反方三辩小结,时间为1分30秒。小结是对质询环节的总结,需针对质询时的交锋内容与回答进行反驳。

12. 自由辩论,时间各4分钟。由正方开始发言。发言辩手落座为发言结束即为另一方发言开始的计时标志,另一方辩手必须紧接着发言;若有间隙,累积时照常进行。同一方辩手的发言次序不限。如果一方时间已经用完,另一方可以继续发言,也可向主席示意放弃发言。

13. 反方四辩总结陈词,时间为3分30秒。

14. 正方四辩总结陈词,时间为3分30秒。

15. 本赛制加入奇袭环节,奇袭环节具体规则如下:每个大环节结束时主席将询问双方是否采用奇袭(所谓大环节是指双方一辩陈词和质询均结束后、双方二辩申论和对辩均结束后、双方三辩质询和小结均结束后、双方自由辩均结束后、双方结辩均结束后),决定采用者可示意主席请求发言。

奇袭的形式可分为质询和申论两种形式,申论时间为2分钟,质询时间为2分30秒,质询方可派任意辩手进行且不得更换,被质询方可派任意辩手作答但不可任意换人,质询方可任意时刻打断被质询方,被质询方不得反问。

赛前,场控人员将会收取双方提交的一个数字(1—10),若双方同时采取奇袭,那么我们将会公示双方提交的数字,若两数之和为奇数,则由正方优先奇袭,若两数之和为偶数,则由反方优先开始奇袭。

(四)世界华语辩论锦标赛赛程

分赛区一般由若干学校组成,分赛区一般以省、自治区、直辖市为单位,若赛区报名学校满16支队伍,则冠军可直通南京参加全球总决赛,若赛区报名学校不满16个,则冠军队伍将以网络形式或实体形式参加附加赛,通过附加赛决出进入总决赛的队伍名单。例如,2018年第九届世界华语辩论锦标赛(重庆赛区)选拔赛参赛学校为：四川外国语大学、重庆大学、西南政法大学、西南大学、重庆邮电大学、重庆师范大学、重庆工商大学、重庆第二师范学院、重庆文理学院等9所院校，重庆大学和西南政法大学拿到了参加附加赛的资格，并最终都拿到了去往南京参加全球总决赛的门票。

　　进入总决赛的队伍先进行小组赛的抽签，直至比赛决出16支队伍，随后进行16进8、8进4、4进2、冠亚争夺战的角逐。

2019年第九届世界华语辩论锦标赛决赛辩题

1. 幸福是主观的/客观的
2. 新闻媒体应该/不应该对高考状元进行重点报道
3. 当今时代，应该重点鼓励年轻人找到/跳出舒适圈
4. 明星卖人设现象应该/不应该被批评
5. 《西游记》里沙僧多不多余
6. 大数据技术发展到极致是喜/是悲
7. 应不应该告诉孩子，这个世界上没有漫威式的超级英雄
8. 未成年刑责年龄应该/不应该降至12周岁
9. 当代人越来越需要故乡/不需要故乡
10. 饭圈刷数据打榜现象对娱乐业发展利大于弊/弊大于利
11. 青年人佛比秀好/秀比佛好
12. 无情不似/更比多情苦
13. 学以致用/学以致知是更值得提倡的态度
14. 是否应该立法赋予教师教育惩戒权
15. 大数据时代下，众口更难/易调
16. 执着胜负/放下胜负更有利于进步
17. 勇者有惧/无惧
18. 在全国范围内推广基于人工智能的预测性犯罪干扰，是/不是一种幸福
19. 高等教育应该坚持宽进严出/严进宽出
20. 高铁霸座行为应该/不应该进一步加重处罚
21. 大数据时代人更自由/不自由
22. 付费问答社区的兴起对知识传播利大于弊/弊大于利
23. 电视剧《都挺好》，苏明玉应不应该原谅苏大强
24. 我在大城市做自己喜欢的工作，但父母逼我回老家，我要不要妥协
25. 好心办坏事应/不应该被批评

三、赛事准备与参赛步骤

（一）准备比赛

在准备参加辩论赛之前，选手会提前收到主办方布置的辩题，便于参赛队伍查找资料以及模拟训练，给出题目的时间提前几天至几十天不等（几乎不存在现场抽题的情况）。选手们可根据给出的题目讨论出论点，通过多种渠道收集论据，也可向辩论队教练及前辈求取经验。

（二）参赛步骤

该部分以华语辩论世界杯章程为例进行阐述。

所在赛区的高校想要参加华语辩论世界杯需遵守以下章程。

1. 会员单位资格的批准

任何在其所在高校中负责组织开展辩论活动的组织团体均可成为华语辩论世界杯的会员单位，每所高校只能有一个会员单位。申请华语辩论世界杯会员单位资格的组织团体必须向所在华语辩论世界杯分赛区组委会提交申请书。申请书必须附有申请组织团体的如下内容：

①遵守华语辩论世界杯的章程、规程和决定；②遵守竞赛规则。

若高校所在地区未建立华语辩论世界杯分赛区，也可直接向华语辩论世界杯组委会提交申请，申请成为华语辩论世界杯的会员单位。

2. 审核会员单位资格的程序

组委会根据申请团体的活动资质、发展规模、组织水平等决定是否通过其申请。组委会及分赛区组委会应在收到申请书后的 20 个工作日内做出批准或不批准的决定。一经批准，新的会员单位将马上拥有会员单位的权利和义务。

3. 会员单位的权利

会员单位享有以下权利：

①参加华语辩论世界杯组委会组织的分赛区联赛或杯赛；

②参加华语辩论世界杯组委会组织的公益计划；

③行使此章程和其他规程所产生的各种权利。

行使以上权利必须服从本章程和适用规程的规定。

4. 会员单位的义务

会员单位应承担以下义务：

①在任何时候完全遵守华语辩论世界杯章程、规程、指令以及华语辩论世界杯组委会的决定；

②确保自己组织内全体成员遵守华语辩论世界杯章程、规程、指令以及华语辩论世界杯组委会的决定；

③承担此章程和其他规程所产生的各项义务。

四、赛事能力要求

（一）辩手所需的基本能力

辩论是一门说话的艺术。一名出色的辩手不仅需要良好的口语表达能力，也要具有缜密的逻辑推算能力和过人的心理素质，以下从五个角度阐述辩手需要的基本能力。

1. 语言表达能力

辩论是一种使用语言传达所持方立场和观点的活动，所以良好的语言表达能力是一个辩手必须具备的品质。因而很多高校辩论队在招新的考核过程中，语言表达能力是考核标准中所占分值比重最高的一项内容。良好的语言表达能力要求辩手能将脑海中所想到的内容完整地表达出来，因此判断一个辩手的表达能力，首先要看其能否把自己的所思所想有逻辑地、顺畅地表达出来。同时，清楚、明白、简单易懂也是表达能力的基础，有些新生辩手确实充满想象力，思维很活跃，但在辩论赛面试过程中，往往不能完整地、有逻辑地表达出来。因为无论怎样好的观点和立论，都必须有力量地表达出来，才能真正体现价值。相反，如果表达得当，一些很朴实的思想也能让人大为赞赏。因此，作为一名合格的辩手，应该把自己的语言表达能力摆在第一位，结合自己的性格和表达特点，加以磨炼和成长。

2. 临场应变能力

辩论场上的节奏可谓瞬息万变，一句话、一个问题就会开辟出一片新的战场，而辩手在比赛中也随时会遇到一些事先没有准备到的意外情况，此时就需要辩手有足够稳定的心理素质和良好的临场应变能力，这样的能力能够使局面得到控制甚至扭转。

不仅如此，由于一个立论体系包含一到三个，甚至更多的论点和角度，在比赛中如何结合当时情况调整战术的侧重点，即所谓的"大局观"，这同样属于临场应变能力的范畴。一名出色的辩手除了良好的语言表达能力，也正是靠着过人的临场应变能力，真正做到赛场上的临危不乱和对比赛的整体把握。从某种意义上说，由于天赋、性格等因素，这种能力很难通过训练达成，也是最难培养的一项素质。

3. 团队协作能力

在目前的高校辩论赛或大型赛事中，基本没有1V1这种Solo形式的赛制，一般都以3人或4人为一队的集体形式参加比赛，所以这样的集体活动就要求参与者，也就是辩手们必须具备一定的团队协作能力。无论是赛前对己方立论的讨论环节，还是构建体系，抑或是上场比赛，都不是仅靠一个人的力量可以完成的。辩论赛不是一个人的事情，也不是四个人的事情，而是一个团队整体的系统工程。

如在一场辩论赛中，某方的一位辩手实力明显大于所在队伍的其他队友，在自由辩论的环节中，该名辩手多次站起，完全没有给其他队友机会。赛后评委点评时说到该方虽然某位同学的实力优秀，但忽视了辩论赛是个团队协作的比赛，所以从这一点上，该评委将团队协作的分数打得比较低，从而影响了比赛结果。

成员之间确实有着分工的区别，但是只有各位辩手协同合作，才能真正呈现出精彩的比赛。而作为场下的替补队员，在不上场的情况下能时刻做好准备并主动给队伍提供力所能及的帮助；作为场上队员，积极配合队友发言、执行己方的战术，这些都是衡量一个辩手素质的重要方面。

4. 语言交流能力

交流不同于表达，因为表达只需要把自己的想法和观点讲出来，是单方面的输出行为，而交流则需要让自己表达的内容能够被大众接受，也就是要说得生动，有感染力。

辩论作为一种双方辩手以及辩手与评委观众之间的互动活动，要求辩手具有一定的交流能力，同时还包括倾听的能力，也就是理解他人所说的话的确切含义和暗示。交流不是一种单向的观点灌输，而是一种双向的讨论，这正是辩论过程中所谓"交锋"的来源。归根结底，交锋也是交流的一种方式，没有交流就成了自说自话，那样的辩论往往令人感到无趣。

当然交流借助的并非只是语言工具，表情、姿态、肢体动作等，都可以成为交流的工具，这些就是所谓的仪态。对一个优秀辩手而言，仪态往往是高效交流的最大帮手。

5. 问题分析能力

辩论不是耍嘴皮子，否则很容易陷入没有深度的就事论事或者对事实的简单罗列，因此辩手应当具有充分的分析和思考能力，这种能力主要体现为分析辩题的清晰性、逻辑性和条理性，也就是说把一个辩题的双方立场所依赖的各种前提、逻辑形式，以及其中可能存在的矛盾悖论等理清楚。

不同于应变，分析没有严格的时间限制，可以允许辩手反复、充分地思考论证。良好的分析能力不仅是立论的依托，也是应变的基础和表达的来源。一个只有执行能力而缺乏对辩题独立深入分析的辩手往往是难以真正吸引观众的，也难以说出值得回味的话语。

（二）辩位所需的基本技巧

在不同的赛制中由于人数的不同，每个辩位的作用和技巧也都不尽相同，例如"捭阖杯"辩论赛为二人赛制，"百结杯"辩论赛为三人赛制。由于华语辩论世界杯和世界华语辩论锦标赛均为四人赛制，所以本节以这两个比赛为例，简要分析四个辩手各辩位的作用和技巧。

1. 一辩（主辩）辩论技巧

一辩需要完成辩题整体的框架构建和论点概括，即立论。论点是整场辩论辩方的核心思想。之后的辩论，己方就围绕这个核心思想进行攻和守。一辩稿不是一蹴而就的，需要经过多次讨论和反复修改，有时上场前才能定稿。论点应精湛且具有深度，能清晰地表达，不宜晦涩冗长，这不仅需要平时多看书积累和锻炼总结，也需要多方合作，达成共识，协作完成。论点还要和论据结合变得更加立体不至于空洞。论据要有代表性和针对性，必须有说服力。一辩需要对论点进行有深度的理解以及剖析衍生观点，在赛场上一辩是拉回主题的核心人物。因为一辩比其他辩手更熟知论点以及衍生观点，需要在己方或者对方跑题时及时拉回，为辩论赛争取时间。一辩应当在准备中多熟知或者多收集一些与本场辩论相关的概念性问题，在自由辩中，若对方问及概念性问题，则统一由一辩作答，以便节约时间。此外，一辩负责开篇立论，是辩论赛上首先说话的辩手，必须要有自信并且注意气势。好的开头能为之后的辩论鼓舞士气。

2. 二辩（攻辩）辩论技巧

二辩是一个承上启下的作用。在比赛中给二辩的时间并不多，大多数情况在2分钟至2分30秒左右，这就要求二辩必须有极高的敏锐度，在比赛中需要注意以下几点。

第一，指出对方的漏洞。比赛中二辩的发言顺序在一辩之后，很大程度上要求二辩在短短几分钟内找到对方论述中的错误并且指出来，不给予对方反驳的空间。

第二，维护自身的论点。辩论赛中双方都是各有攻防，对方的二辩自然会攻击己方的观点，辩论中没有所谓完全能站得住脚的东西，所以必须学会维护己方观点。只有把话圆回来，评委以及观众才会认可。

第三，补充己方论点。这一点对每个辩位都很重要，对二辩而言在有限的发言时间内需要进行驳论、理论和补充。只有熟知己方的观点，才能避免重复已有的发言，同时补充不一样的论据，这样可使评委以及观众信服。

3. 三辩（攻辩）辩论技巧

三辩和二辩都是"攻辩手"，需要有很强的攻击性和准确敏感的应变能力，思维敏捷、语速较快、有气势。首先能借对方的例证反治其身。其次要找出对方论据中存在缺陷的部分，换上于己方有利的观点或材料。如可以表面认同对方观点，顺应对方的逻辑进行推导，并在推导中根据己方需要，设置某些符合情理的障碍，使对方观点在所增设的条件下不能成立，或得出与对方观点截然相反的结论，通常是指出对方论据与辩题的关联不紧或者背道而驰。从根本上矫正对方论据的立足点的质询相当程度需要依靠临场反应，但这绝不表示质询无法提前准备，透过"逆向思考"和"打造地基"，多数质询都可以在上台前准备妥当。

4. 四辩（结辩）辩论技巧

四辩是为整场辩论赛画上句号的人，四辩的主要任务有以下两点。

第一，攻辩小结。攻辩要求首先向大家重申己方观点，同时要针对对方辩手在开篇陈词、盘问、攻辩中出现的明显错误以及漏洞进行总结，反驳对方的错误观点；其次，要对己方的观点以及发言做总结性的叙述。这就要求辩手之间要具备一定的默契，及时将发现的对方错误漏洞传递给四辩，四辩临场对其中能够很快整理出的观点进行总结，同时赛前要了解己方的开篇陈词以及二、三辩将会提出怎样的问题，以便提前写好己方的小结性发言。

第二，总结陈词。这个陈词是对整场辩论赛的总结，总结陈词要干什么，"一听"，听对方整场的错误，在总结陈词中大说特说；"二补"，对己方的失误做必要性的补充，同时要用精彩的结束语打动评委。优秀的四辩往往能够在比赛中起到画龙点睛和力挽狂澜的作用，有时候一名强悍的四辩甚至能完全扭转颓势将比赛反败为胜。

五、四川外国语大学参赛历程及成绩

四川外国语大学辩论队（以下简称校辩队）成立于2016年，迄今为止，在重庆市以及西南片区的多项大赛中均取得了不俗的成绩。

（一）2018华语辩论世界杯重庆赛区联赛杯"冠军"

华语辩论世界杯组委会为增加比赛的竞争性和激烈性，自2014赛季起，引入升降级和联赛杯制度。即当赛季联赛排名末尾的队伍降级，失去下一赛季的参赛资格，同时当赛季联赛杯的优胜队伍晋级，获得下一赛季的参赛资格，当赛季降级队伍不得参与当赛季联赛杯比赛。具体升降级名额各赛区根据实际情况制定。

2018年11月，四川外国语大学、重庆文理学院、重庆医科大学三所学校齐聚歌乐山下，通过车轮战的方式争取晋级名额。在三场比赛中，我校以两场9：0的比分战胜重庆文理学院和重庆医科大学，顺利取得2019华语辩论世界杯重庆赛区的参赛资格，并获得2018华语辩论世界杯重庆赛区联赛杯"冠军"。在我校与重庆文理学院的比赛中，孔傲狮同学获得单场"最佳辩手"的称号，在第二场与重庆医科大学的比赛中，钟张川同学获得单场"最佳辩手"的称号。

（三）第一届"晨星杯"世界大学生辩论巡回赛重庆赛区"季军"

"晨星杯"世界大学生辩论巡回赛（以下简称"巡回赛"）由中国国家电影局指导，中国科学技术协会与北京市人民政府主办，教育部、文化和旅游部、中国作家协会、中国电影家协会提供支持，由科学与幻想成长基金与广州风雅文化传媒有限公司承办。

巡回赛赛事和世锦赛、世界杯一样，都是由全国不同的赛区先进行比赛，最后由赛区选拔出1—2所高校参加全国总决赛。在巡回赛重庆赛区，我校辩论队派出一支队伍，在24所高校中层层突围，顺利赢下小组赛、初赛和复赛，并与重庆大学会师决赛，最后尽管惜败，但我校辩手依然赛出风度，获得赛区"季军"，也是截至2019年我校辩论队在大型赛事中取得的最好成绩。

（四）其他赛事与国际交流

校辩论队在多年的发展过程中，积极参与各项赛事，认真备赛，和重庆市其他高校的辩手切磋交流。

2019年，重庆赛区首启世界杯赛程，参赛方由8所学校组成（重庆大学、西南大学、西南政法大学、四川外国语大学、重庆师范大学、重庆科技学院、重庆邮电大学、重庆工商大学）。四川外国语大学作为首发院校，和其余7所高校均有比赛交锋，在为期7周的赛程中有条不紊地筹备比赛。由于组委会规定每轮赛事由各个高校轮值承办，我校作为重庆赛区"收官之战"的最后一轮比赛承办方，认真负责地承办比赛，配合重庆赛区组委会制作了各高校前来比赛场地的详细路线图，安排了专门人员接待引领各参赛高校队员，并获得了2019华语辩论世界杯重庆赛区的"优秀承办方"，同时，我校孔傲翀获得2019华语辩论世界杯重庆赛区"优秀评委"的荣誉称号。

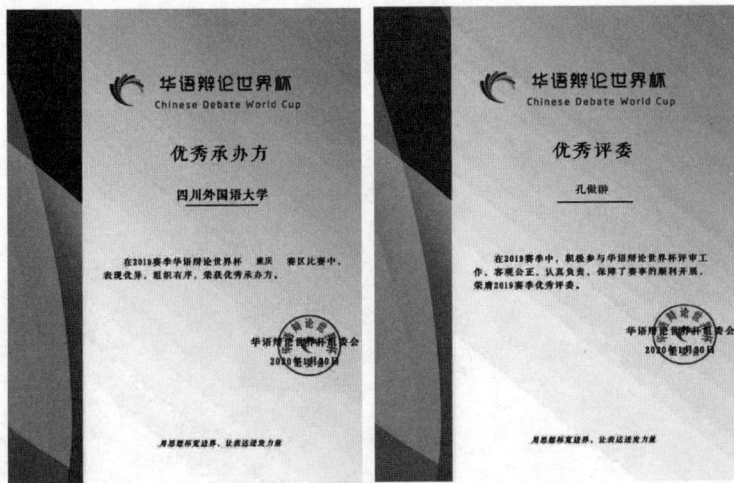

图7-1　四川外国语大学获得"优秀承办方"、孔傲翀获得"优秀评委"

　　在国际舞台和国际交往中，四川外国语大学辩手也崭露头角。在"百结国际青年辩论公开赛""辩论猎人大赛·重庆站""辩论猎人大赛·上海站""辩论实验室"等多项比赛中，四川外国语大学辩手与北美赛区加拿大辩手和英国赛区约克大学、韩国赛区延世大学，以及马来西亚和中国台湾地区的辩手们均有交流和比赛。相信在未来的国际辩论舞台上，四川外国语大学的辩手们能够继续意气风发，勇夺佳绩。